착! 붙는 이탈리아어 독학 첫걸음

저 최보선

랭기지플러스

머리말

우리는 알게 모르게 이탈리아 문화를 접하면서 살아간다. 로마 제국, 기독교 박해, 르네상스, 미켈란젤로, 레오나르도 다빈치, 오페라, 비발디 4계, 파스타, 발렌티노 등 우리 삶 가까이에서 이탈리아 문화를 느낄 수 있다. 또한 이탈리아의 로마, 피렌체, 베네치아 등은 수백만 명의 관광객이 찾고 있는 명소이기도 하다. 이처럼 이탈리아를 여행하며 그 문화를 느끼기 위해 이탈리아어를 배우는 것은 충분한 이유가 될 수 있다.

대학과 이탈리아 문화연구원에서 언어 문화를 강의한 지 30년이 다 되어 가는데 늘 부족함을 느껴 왔다. 또한 그동안 나의 졸저를 사랑해 주신 선생님들과 학생들에게 한없이 송구하여 새로운 구조와 패턴으로 이 책을 집필하게 되었다.

이 책의 특징은 다음과 같다.

첫째, 1~10과는 기본적인 회화 문구에 상세한 해석을 하여 초보자도 쉽게 이해하도록 구성하였다. 핵심 문법 정리와 연습문제를 통해 이탈리아어 구조의 특징을 파악하도록 했다. 또한 문형 연습을 통해 회화 능력에 자신감을 얻을 수 있게 했다.

둘째, 11~20과는 상황별 회화로 구성하여 어휘 난이도를 상향 조정하면서도 앞서 정리한 문법 지식으로도 충분히 이해하도록 배려했다.

셋째, 반복 학습을 통해 충분히 문법을 익히고 암기할 수 있도록 명쾌하게 문법을 정리하였고 연습문제를 수록하여 스스로 실력을 확인할 수 있도록 하였다.

이탈리아어를 처음 접하는 사람들에게 항상 다음과 같은 조언을 한다. '반복해서 큰소리로 수없이 읽어라!' 이런 훈련을 반복하면 이탈리아어가 들리기 시작할 것이다. 언어 습득의 궁극적인 목적은 소통이다. 말 배우는 어린이가 무수한 시행착오를 경험하며 두려움 없이 의사소통하듯이 여러분도 그들처럼 두려움 대신 과감함으로 이탈리아어를 접한다면 효율적으로 정복할 수 있으리라 믿는다. 끝으로 원고를 긍정적으로 평가하며 출판에 기꺼이 응해 주신 엄태상 대표님과 편집부 장은혜 부장님, 김효은 대리님께 감사드린다.

저자 최보선

이 책의 구성

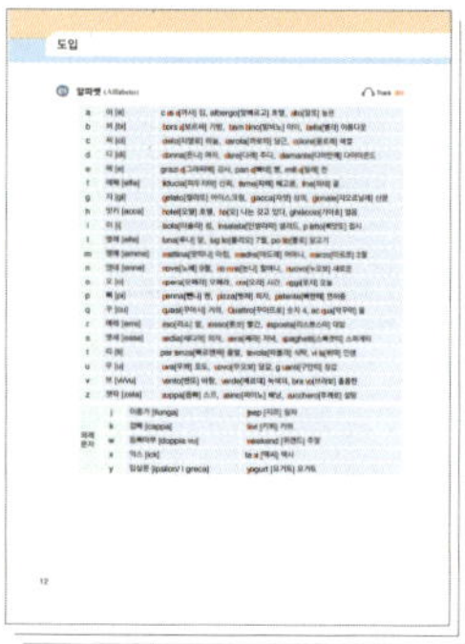

이탈리아어 기본 지식

이탈리아어 알파벳, 발음 등 기본적으로 알아야 할 내용을 익힐 수 있습니다.

기본 회화

1~10과는 이탈리아어를 배우면서 기본적으로 알아야 할 구문을 통한 회화를, 11~20과는 상황별에 따른 회화를 제시하였습니다. 각 회화를 꼼꼼하게 분석하여 설명해 두어 혼자서도 쉽게 공부할 수 있습니다.

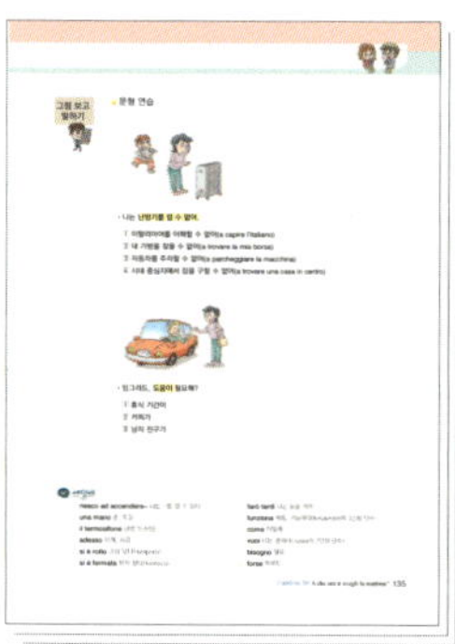

문형 연습

앞에서 다룬 회화를 익히고 나서 말하기를 연습할 수 있도록 문형 연습을 제시하였습니다. 회화에서 가장 중요한 구문을 통해 교체 연습을 함으로써 실질적인 회화에 익숙해지도록 했습니다.

문법

해당 단원에서 익혀야 할 문법 사항을 정리하였습니다. 반드시 알아야 할 부분을 이해하기 쉽게 정리하여 반복해서 연습하다 보면 실력이 향상될 수 있습니다.

연습문제

앞서 배운 기본 회화와 문법을 완벽하게 이해했는지 확인할 수 있습니다. 제시된 문제를 꼼꼼하게 풀면서 스스로 실력을 확인할 수 있습니다.

문화

이탈리아와 관련된 읽을거리를 수록하여 이탈리아어를 학습하는 데 흥미를 돋워 줍니다.

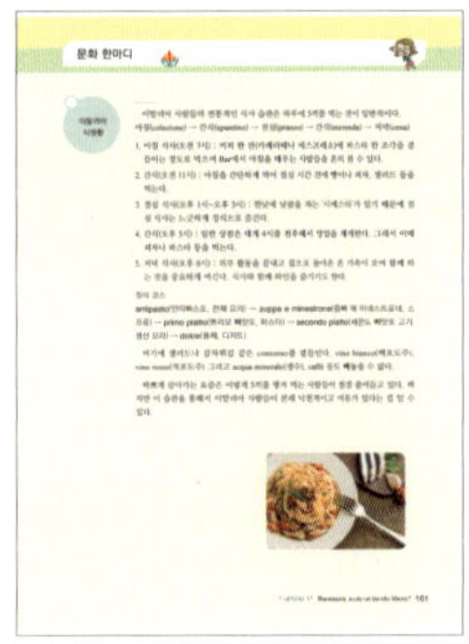

포켓북

이탈리아어를 공부하면서 꼭 알아두어야 할 동사의 변화형을 제시하였습니다. 언제 어디서든 이탈리아어 공부를 할 수 있도록 하였습니다.

MP3 QR

회화 부분을 원어민 발음으로 직접 들어 보면서 공부할 수 있도록 하였습니다. 음성 파일을 들으면서 좀 더 확실하게 이탈리아어 발음에 익숙해질 수 있고 청취 실력도 향상시킬 수 있습니다.

목차

학습 구성표

DAY	Capitolo	회화 포인트	주요 문법	핵심 표현
1	**01** Come ti chiami?	• 인사하기 (이름, 국적, 고향)	• 전치사 • 형용사의 성수 일치	· Come ti chiami? · Sei coreano, vero? · Io sono Daniel, sono francese, di Parigi. · È Patrizia?
2	**02** Perché sei in Italia?	• 인사하기 • 이유 물어보기 • 시간, 요일 물어 보기	• 정관사 • 부정관사 • 전치사관사	· Ciao Robert! Ci vediamo! · Tu sei qui per studiare l'italiano? · Perché sei in Italia? · Che ore sono?
3	**03** Dov'è la borsa?	• 위치 물어보기 • 전화 통화하기 • 시간 묻기 • 좋아하는 계절 묻기	• 동사(직설법 현재 규칙 활용/불규칙 활용) • 직설법 시제	· Dov'è la borsa? · Pronto? Sono Franca. C'è Mario? · Scusa, Franca, a che ora apre la banca? · Quale stagione preferisci?
4	**04** Ciao, dove vai?	• 동행 권유하기 • 실례 구하기	• 소유 형용사 1 • 기수	· Ciao, Mario, dove vai? · Mario, andiamo in piscina giovedì sera? · Direttore, vuole venire in pizzeria con noi stasera? · Vuoi uscire o stare a casa?
5	**05** Che cosa prendi?	• 식당에서 음식 고르기 • 기차표 끊기 • 소유 묻기 • 상대방 의향 묻기	• 소유 형용사 2	· Daniel, che cosa prendi? · Scusi, da quale binario parte il treno per Napoli? · Di chi è questo maglione? · Peccato! C'è un bel film al cinema.
6	**Capitolo 01~05** Review			

DAY	Capitolo	회화 포인트	주요 문법	핵심 표현
7	**06** Sei stato in vacanza?	• 방문지 묻기 • 무엇을 했는지 묻기	• 직설법 근과거 1 • 불규칙 과거분사	· Sei stato in vacanza? · Quando sei tornato dalle vacanze? · Che cosa hai visitato a Venezia? · Dove è andato Robert in vacanza?
8	**07** Con chi ci è andato Robert?	• 과거 사건 묻기 • 상대방에게 호의 베풀기	• 직설법 근과거 2 • 명사와 형용사의 단수 · 복수 어미	· Con chi ci è andato Robert? · Ma che cosa hai fatto stamattina? · Scusa, ma che cosa è successo? · Devo aiutarla?
9	**08** Che tempo farà domani?	• 계획 묻기 • 날씨 묻기 • 기차표 구입하기	• 직설법 미래/미래 완료 • 서수 형용사	· Che progetti hai? · Che tempo farà domani? · Quando tornerai nel tuo paese? · Vorrei un biglietto per Napoli, per favore!
10	**09** A che ora ti svegli la mattina?	• 시간 묻기 • 일과 묻기 • 도움 주기	• 재귀동사 현재/근과거 • 조건법	· A che ora ti svegli la mattina? · A che ora ti sei alzato stamattina? · Ti sei divertita? · Vuoi una mano, Ingrid?
11	**10** Da bambina eri molto vivace?	• 과거의 규칙적인 습관 묻기 • 과거의 행위 묻기	• 직설법 시제 총정리	· Andavi spesso in discoteca quando eri al mare? · Perché c'ero già stata. · Perché non avevamo bisogno di partire per andare al mare. · Quella è stata la prima volta che siamo partiti veramente per le vacanze.
12	**Capitolo 06~10** Review			

학습 구성표

DAY	Capitolo	회화 포인트	주요 문법	핵심 표현
13	**11** Avete un tavolo libero?	• 식당에서	• 조건법 현재 • 절대적 최상급	· Va bene questo tavolo? · Per me zuppa di mare. · Io salto il primo. · Per secondo vorrei una bistecca ai ferri.
14	**12** Vorrei un'informazione	• 매표소에서	• 형용사 성 · 수 일치 • 지시 형용사 • c'è/ci sono	· Vorrei un'informazione. · C'è un treno per Milano? · È necessario prenotare? · A che ora vuole partire?
15	**13** Vorrei una camera	• 호텔에서	• 조건법 현재 • 재귀동사 현재/근과거	· Vorrei una camera. · Qual è il prezzo? · Quanti giorni si ferma? · Ecco il passaporto.
16	**14** Qual è il cambio del dollaro, oggi?	• 환전소 창구에서	• 직설법 현재 • 명령법 • 삽입사 –isc–	· Qual è il cambio del dollaro, oggi? · Allora vorrei cambiare 200 dollari. · Che tagli preferisce? · Sì, ce l'ho. Eccolo!
17	**15** Scusi, taxi, è libero?	• 택시 안에서	• 직설법 현재 • 불규칙 활용 동사	· Scusi, taxi, è libero? · Dove deve andare? · Eccoci arrivati! Quanto pago? · Ecco a lei 10 euro.
18	**Capitolo 11~15** Review			

DAY	Capitolo	회화 포인트	주요 문법	핵심 표현
19	**16** Pronto, sono Bosun Choi ; c'è Mario?	• 전화 대화	• 직설법 현재/불규칙 활용동사 • ne/ci	· Pronto, c'è Mario? · Ho bisogno di un favore. · Dimmi pure! · D'accordo, a più tardi allora!
20	**17** È permesso?	• 이탈리아어 학교에서	• 직설법 현재/근과거/불완료 과거 • 명령법	· È permesso? · Prego, si accomodi. Mi dica pure. · Ho deciso di migliorare il mio italiano. · Lei parla già bene, mi sembra.
21	**18** Passa di qui l'autobus 183?	• 버스 정류장에서	• 재귀동사 • 복합대명사	· Scusi, passa di qui l'autobus 183? · Quanto costa il biglietto? · Vado all'ambasciata coreana ai Parioli. · Grazie per avermelo detto.
22	**19** Vorrei farmi visitare dal medico	• 병원 응급실에서	• 직설법 미래 • 재귀동사 근과거 • 명령형+대명사	· Vorrei farmi visitare dal medico. · Si accomodi pure in sala d'aspetto. · Quando arriva il suo turno, la chiamerò io. · Lei ce l'ha l'assistenza sanitaria?
23	**20** Sto cercando una nuova casa	• 부동산에서	• 직설법 근과거/불완료 과거 • 명령형(불규칙)	· Sto cercando una nuova casa. · Sì, ho un regolare permesso di soggiorno. · Quindi mi basta un monolocale. · Io purtroppo non guadagno molto.
24	**Capitolo 16~20** Review			

01 알파벳 (Alfabeto)

Track 001

a	아 [a]	casa[까사] 집, albergo[알베르고] 호텔, alto[알또] 높은
b	비 [bi]	borsa[보르싸] 가방, bambino[밤비노] 아이, bella[벨라] 아름다운
c	치 [ci]	cielo[치엘로] 하늘, carota[까로따] 당근, colore[꼴로레] 색깔
d	디 [di]	donna[돈나] 여자, dare[다레] 주다, diamante[디아만떼] 다이아몬드
e	에 [e]	grazie[그라찌에] 감사, pane[빠네] 빵, mille[밀레] 천
f	에페 [effe]	fiducia[피두치아] 신뢰, fame[파메] 배고픔, fine[피네] 끝
g	지 [gi]	gelato[젤라또] 아이스크림, giacca[쟈까] 상의, giornale[지오르날레] 신문
h	앗카 [acca]	hotel[오뗄] 호텔, ho[오] 나는 갖고 있다, hanno[안노] 그들은 갖고 있다
i	이 [i]	isola[이솔라] 섬, insalata[인쌀라따] 샐러드, piatto[삐앗또] 접시
l	엘레 [elle]	luna[루나] 달, luglio[룰리오] 7월, pollo[뽈로] 닭고기
m	엠메 [emme]	mattina[맛띠나] 아침, madre[마드레] 어머니, marzo[마르쪼] 3월
n	엔네 [enne]	nove[노베] 9, nonna[논나] 할머니, nuovo[누오보] 새로운
o	오 [o]	opera[오페라] 오페라, ora[오라] 시간, oggi[옷지] 오늘
p	삐 [pi]	penna[뻰나] 펜, pizza[삣짜] 피자, patente[빠뗀떼] 면허증
q	꾸 [cu]	quasi[꾸아시] 거의, quattro[꾸아뜨로] 숫자 4, acqua[악꾸아] 물
r	에레 [erre]	riso[리소] 쌀, rosso[롯쏘] 빨간, risposta[리스뽀스따] 대답
s	엣세 [esse]	sedia[쎄디아] 의자, sera[쎄라] 저녁, spaghetti[스빠겟띠] 스파게티
t	띠 [ti]	partenza[빠르뗀짜] 출발, tavola[따볼라] 식탁, vita[뷔따] 인생
u	우 [u]	uva[우봐] 포도, uovo[우오보] 달걀, guanti[구안띠] 장갑
v	브 [vi/vu]	vento[벤또] 바람, verde[베르데] 녹색의, bravo[브라보] 훌륭한
z	젯따 [zeta]	zuppa[줍빠] 스프, zaino[짜이노] 배낭, zucchero[쭈께로] 설탕

외래 문자	j	이룽가 [i lunga]	jeep [지프] 지프
	k	깝빠 [cappa]	week [위크] 주
	w	돕삐아부 [doppia vu]	weekend [위캔드] 주말
	x	익스 [iks]	taxi [딱씨] 택시
	y	입실론 [ipsilon/ i greca]	yogurt [요구르트] 요거트

02 발음 (Pronuncia)

Track 002

	b	d	f	h	l	m	n	p	qu	r	s	t	v	z
a	ba 바	da 다	fa ㅍ하	ha 아	la 라	ma 마	na 나	pa 빠	qua 꾸아	ra 라	sa 싸	ta 따	va 봐	za 짜
e	be 베	de 데	fe ㅍ훼	-	le 레	me 메	ne 네	pe 뻬	que 꾸에	re 레	se 쎄	te 떼	ve 붸	ze 쩨
i	bi 비	di 디	fi ㅍ휘	-	li 리	mi 미	ni 니	pi 삐	qui 꾸이	ri 리	si 씨	ti 띠	vi 뷔	zi 찌
o	bo 보	do 도	fo ㅍ호	ho 오	lo 로	mo 모	no 노	po 뽀	quo 꾸오	ro 로	so 쏘	to 또	vo 보	zo 쪼
u	bu 부	du 두	fu ㅍ후	-	lu 루	mu 무	nu 누	pu 뿌	quu 꾸우	ru 루	su 쑤	tu 뚜	vu 부	zu 쭈

03 독특한 발음

	c		g		sc		gl	gn
a	ca 까		ga 가		sca 스까		gla 글라	gna 냐
e	che 께	ce 체	ghe 게	ge 제	sche 스께	sce 쉐	gle 글레	gne 녜
i	chi 끼	ci 치	ghi 기	gi 쥐	schi 스끼	sci 쉬	gli 리	gni 니
o	co 꼬		go 고		sco 스꼬		glo 글로	gno 뇨
u	cu 꾸		gu 구		scu 스꾸		glu 글루	gnu 뉴

예] cena[체나] 저녁 식사

ciao[챠오] 안녕

gelato[젤라또] 아이스크림

giallo[쟐로] 노란

scendere[쉔데레] 내려가다

scivolare[쉬볼라레] 미끄러지다

bagno[바뇨] 화장실, 욕실

sogno[쏘뇨] 꿈

famiglia[파밀리아] 가족

Capitolo 01

Come ti chiami?

핵심 표현

· Come ti chiami?
  이름이 뭐니?

· Sei coreano, vero?
  너 한국인 맞지?

· Io sono Daniel, sono francese, di Parigi.
  난 다니엘이야. 프랑스인이고 파리 출신이야.

· È Patrizia?
  그녀가 빠뜨릿찌아니?

Piazza San Marco a Venezia

베네치아, 산 마르코 광장

기본회화 ❶

전체듣기 Track 003
따라듣기 Track 004

마리아 Maria — 꼬메 띠 끼아미
Come ti chiami?

보선 Bosun — 미 끼아모 보선
Mi chiamo Bosun.

해설

- 'Come ti chiami?'를 직역하면, '어떻게 (너는) 너 자신을 부르니?'이다. 우리말로 '이름이 뭐야?'이다. 'ti chiami'를 재귀동사라고 한다. (재귀동사에 대한 자세한 부분은 뒤에서 정리)
- 'Mi chiamo Bosun.'을 직역하면, '(나는) 나 자신을 부릅니다, 보선이라고'이다. 여기서 주어가 '나'라는 것은 'chiamo'의 활용 어미 -o를 통해 알 수 있다.
- 'chiami'와 'chiamo'의 다른 점은 활용 어미 '-i'와 '-o'인데, 이처럼 주어에 따라서 활용 어미가 달라진다. 영어에서는 주어를 거의 밝히지만, 이탈리아어에서는 동사의 활용 어미를 통해 주어를 파악할 수 있으므로 주격 인칭대명사를 생략할 수 있다. 그러면 주어에 따라 동사가 어떻게 활용되는지를 간단히 알아보자!

chiamare(부르다)

	단수		복수	
1인칭	io(나) 이오	chiamo	noi(우리들) 노이	chiamiamo
2인칭	tu(너) 뚜	chiami	voi(너희들) 보이	chiamate
3인칭	lui(그) 루이 lei(그녀) 레이	chiama	loro(그들) 로로	chiamano

본문 해석

마리아 이름이 뭐야?
보선 내 이름은 보선이야.

그림 보고 말하기

문형 연습

• A: 이름이 뭐야?
B: 내 이름은 **보선**이야.

1 Gianni(지안니)
2 Naomi(나오미)
3 Alessia(알렛시아)
4 본인의 이름

새단어

- come 어떻게
- ti 너를, 너 자신을
- chiami 너는 부른다(chiamare의 2인칭 단수)
- mi 나를, 나 자신을
- chiamo 나는 부른다(chiamare의 1인칭 단수)

기본회화 ❷

전체듣기 Track 005
따라듣기 Track 006

마리아 세이 꼬레아노 베로
Maria Sei coreano, vero?

보선 씨 쏘노 디 세울
Bosun Sì, sono di Seoul. Piacere.

해설

- sei의 동사원형은 essere이다. 물론 동사는 주어에 따라 달라진다. 앞에서 배운 chiamare(부르다)가 규칙 활용을 하는 데 반해 essere는 불규칙 활용한다. 이를 우리는 불규칙 활용 동사라고 한다.

essere (~이다, ~에 존재하다)

단수		복수	
io	sono	noi	siamo
tu	sei	voi	siete
lui lei Lei(당신)	è	loro	sono

※ • lei 그녀
• Lei 당신(3인칭 단수): Lei è coreano? 당신은 한국 남자인가요?

- coreano는 '한국 남자, 한국 남자의'의 뜻인데, 명사 혹은 형용사로 쓰인다.
  • coreano 한국 남자 / coreani 한국 남자들 / coreana 한국 여자 / coreane 한국 여자들

- 이탈리아어는 모든 명사에 남성과 여성이 있으며 형용사는 명사의 성과 수에 따라 어미 일치를 해야 한다.

- 국가별 남성 · 여성 표현

국적 \ 성별	남성	여성
America 미국	americano(아메리까노)	americana(아메리까나)
Germania 독일	tedesco(떼데스코)	tedesca(떼데스카)
Spagna 스페인	spagnolo(스빠뇰로)	spagnola(스빠뇰라)
Corea 한국	coreano(꼬레아노)	coreana(꼬레아나)
Giappone 일본	giapponese(지아뽀네세)	
Inghilterra 영국	inglese(잉글레세)	
Francia 프랑스	francese(프란체세)	

본문 해석

마리아	너 한국인 맞지?
보선	응, 서울 출신이야. 반가워.

그림 보고 말하기

문형 연습

- A: 너 **한국인** 맞지?
  B: 응, **서울** 출신이야.

1 미국인(americano(a)) / 뉴욕(New York)
2 독일인(tedesco(a)) / 함부르크(Amburgo)
3 스페인인(spagnolo(a)) / 마드리드(Madrid)
4 일본인(giapponese) / 도쿄(Tokyo)

새단어

- sei 너는 ~이다(essere의 2인칭 단수)
- coreano 한국 남자
- vero 옳은, 맞는, 정말의, 사실의
- sì 네
- sono 나는 ~이다(essere의 1인칭 단수)
- di Seoul 서울 출신
- piacere 반갑다

기본회화 ❸

전체듣기 Track 007
따라듣기 Track 008

다니엘 이오 쏘노 다니엘 쏘노 프란체세 디 빠리지 에 퀘스또 에 로베르뜨
Daniel Io sono Daniel, sono francese, di Parigi, e questo è Robert.
쎄이 잉글레세 잉그리드
Sei inglese, Ingrid?

잉그리드 노 쏘노 아메리까나 디 보스똔
Ingrid No, sono americana, di Boston.

해설

■ questo는 지시대명사로서 지시하는 명사의 성과 수에 따라 어미 일치가 되어야 한다. Robert는 남성이므로, questo라고 한다.

이것(지시대명사)	동사	명사	형용사
Questo	è	un ragazzo	tedesco americano inglese cinese
Questa	è	una ragazza	tedesca americana inglese cinese

■ 주요 국가 및 도시

구분	한국	이탈리아	프랑스	독일	영국	스페인	미국
국가	Corea	Italia	Francia	Germania	Inghilterra	Spagna	America
도시	Seoul/Seul	Roma	Parigi	Monaco	Londra	Madrid	New York

본문 해석

다니엘 난 다니엘이야. 프랑스인이고 파리 출신이야. 이 사람은 로베르뜨야.
너 영국인이지, 잉그리드?
잉그리드 아니, 미국인이고, 보스톤 출신이야.

그림 보고 말하기

문형 연습

- 난 삐에뜨로야, 이탈리아인이고 볼로냐 출신이야.

1 Ingrid / tedesca / di Monaco

2 Mary / americana / di New York

3 Elisabeth / inglese / di Londra

새단어

- e 그리고
- ragazzo 소년
- questa 이분, 이 사람(this), 이것
- ragazza 소녀

기본회화 ❹

전체듣기 Track 009
따라듣기 Track 010

다니엘 에 빠뜨릿찌아
Daniel È Patrizia?

잉그리드 노 논 에 빠뜨릿찌아 에 씰비아
Ingrid No, non è Patrizia, è Silvia.

해설

- È Patrizia?는 주어 lei(그녀)가 생략되어 쓴 표현이다.
  주어를 사용한다면, 'Lei è Patrizia?' 혹은 'È Lei Patrizia?'라고 한다.
- 부정어 non은 동사 è 앞에 온다.
  예) Questa non è mela. 이것은 사과가 아니다.
  Questo non è ameriacno. 이분은 미국인이 아니다.
- 이탈리아 사람의 이름에서 여성과 남성을 구별할 수 있다. 예외도 있으나 일반적으로 어미가 '-a'면 여성, 어미가 '-o'면 남성이다. Paolo, Roberto, Silvio, Angelo, Dino, Marco 등은 남자 이름이고, Anna, Silvia, Franca, Teresa, Stella 등은 여자 이름이다. 예외도 있는데 Andrea, Gianluca, Nicola는 남자 이름이다.

본문 해석

다니엘 (그녀가) 빠뜨릿찌아니?
잉그리드 아니, 빠뜨릿찌아가 아니라 씰비아야.

그림 보고 말하기

문형 연습

- A: 그녀가 빠뜨릿찌아니?
  B: 아니, 빠뜨릿찌아가 아니라 씰비아야.

  1 Anna / Franca
  2 Franca / Teresa
  3 Teresa / Stella

- A: 그가 안젤로니?
  B: 아니, 안젤로가 아니라 마르코야.

  1 Gianluca / Nicola
  2 Paolo / Roberto
  3 Silvio / Dino

새단어

- è 그녀/그는 ~이다(essere의 3인칭 단수)
- non ~이 아니다 [부정어(not)]
- mela 사과

01 전치사 di, a, in

		주격인칭 대명사	essere 동사	전치사	도시명, 국가명
단수	1인칭	(io)	sono	di(출신) a(장소: 도시) in(장소: 국가)	Boston Seoul New york Roma Milano Bologna Italia
	2인칭	(tu)	sei		
	3인칭	(lui, lei, Lei)	è		
복수	1인칭	(noi)	siamo		
	2인칭	(voi)	siete		
	3인칭	(loro)	sono		

02 형용사의 종류 및 단 · 복수 어미

- '-o' 어미의 형용사를 제1부류 형용사, '-e' 어미의 형용사를 제2부류 형용사라고 한다.
- 제1부류 형용사 : bello, caro, rosso, bravo
- 제2부류 형용사 : grande, gentile, francese, verde

		단수	복수	예
제1부류 형용사 (-o)	남성	-o	-i	italian**o** → italian**i**
	여성	-a	-e	italian**a** → italian**e**
제2부류 형용사 (-e)	남/여성	-e	-i	cines**e** → cines**i**

03 형용사의 성 · 수 일치

이것/저것(지시형용사)	명사(주어)	essere 동사	형용사	의미
Quest**o** Quel [남성 단수]	ragazz**o** (청년은)	è (이다)	corean**o** american**o** italian**o** russ**o**	한국인 미국인 이탈리아인 러시아인
			inglese francese giapponese cinese	영국인 프랑스인 일본인 중국인
Quest**a** Quella [여성 단수]	ragazz**a** (아가씨는)	è (이다)	corean**a** american**a** italian**a** russ**a**	한국인 미국인 이탈리아인 러시아인
			inglese francese giapponese cinese	영국인 프랑스인 일본인 중국인
Quest**i** Quei [남성 복수]	ragazz**i** (청년들은)	sono (이다)	corean**i** american**i** italian**i** russ**i**	한국인 미국인 이탈리아인 러시아인
			inglesi francesi giapponesi cinesi	영국인 프랑스인 일본인 중국인
Quest**e** Quelle [여성 복수]	ragazz**e** (아가씨들은)	sono (이다)	corean**e** american**e** italian**e** russ**e**	한국인 미국인 이탈리아인 러시아인
			inglesi francesi giapponesi cinesi	영국인 프랑스인 일본인 중국인

01 〈보기〉와 같이 바꿔 쓰시오.

> 보기
>
> David è **di** New York. → È **americano**.
>
> 데이비드는 뉴욕 출신이다. → 그는 미국 남자다.

1. Sandy è **di** Sydney.

→ ______

2. Irina è **di** Mosca.

→ ______

3. Jimin è **di** Seoul.

→ ______

4. Shao è **di** Pechino.

→ ______

5. Domingo è **di** Madrid.

→ ______

6. Hans è **di** Berna.

→ ______

7. Irene è **di** Vienna.

→ ______

8. Giovanni è **di** Firenze.

→ ______

9. Hidink è **di** Amsterdam.

→ ______

10. Anastasia è **di** Atene.

→ ______

11. Pierre è **di** Parigi.

→ ______

12. Thomas è **di** Monaco.

→ ______

02 〈보기〉와 같이 바꿔 쓰시오.

보기

La frase difficile → **Le frasi** difficili
어려운 문장 어려운 문장들

1. **La notizia** importante →
2. **Il libro** noioso →
3. **L'amica** gentile →
4. **Lo studente** bravo →
5. **La macchina** veloce →
6. **La parete** bianca →

03 〈보기〉와 같이 바꿔 쓰시오.

보기

Questa lezione è molto **interessante**. 이 수업은 매우 흥미롭다.
→ **Queste lezioni** sono molto **interessanti**. 이 수업들은 매우 흥미롭다.

1. **Questa storia** è molto **divertente**.
→
2. **Questa frase** è molto **facile**.
→
3. **Questa bambina** è molto **carina**.
→
4. **Questo esercizio** è molto **difficile**.
→
5. **Quest'aula** è molto **grande**.
→
6. **Quest'orologio** è molto **bello**.
→

Capitolo 02

Perché sei in Italia?

핵심 표현

· Ciao Robert! Ci vediamo!
안녕, 로베르뜨! 우리 또 만나!

· Tu sei qui per studiare l'italiano?
너 이탈리아어 공부하러 여기 왔니?

· Perché sei in Italia?
왜 이탈리아에 왔니?

· Che ore sono?
몇 시죠?

Canale a Venezia

베네치아의 수로

기본회화 ❶

전체듣기 Track 011
따라듣기 Track 012

다니엘 | 챠오 씰비아 치 베디아모
Daniel Ciao Silvia! Ci vediamo!

씰비아 | 챠오 다니엘 아 도마니
Silvia Ciao Daniel, a domani!

해설

- ciao: 만날 때뿐만 아니라 헤어질 때도 쓰이는 인사말로 허물없는 사이에 사용한다.

오전 ~ 오후 3, 4시	· Buongiorno, ragazzi! · Buongiorno, professore!	안녕하세요, 학생 여러분! 안녕하세요, 교수님!
~ 저녁	· Buonasera, signor Choi! · Buonasera, Silvana!	안녕하세요, 최 선생님! 안녕, 씰바나!
잠자러 갈 때	· Buonanotte, Paolo! · Buonanotte, Signorina Kim!	잘 자, 파올로! 안녕히 주무세요, 미스 김!

- 1. 만날 때 인사 표현
  Ciao, Salve, Buongiorno, Buonasera
  2. 인사의 높임 표현
  'Buongiorno, signor Choi!', 'Buonasera, signor Choi!'
  3. 헤어질 때 인사 표현
  · Arrivederci! 우리 또 만나! (허물없는 사이)
  · ArrivederLa! 또 뵙겠습니다! (예의 갖추는 사이)
  · A presto! 곧 만나자, 곧 뵐게요
  · Alla prossima volta! 다음에 보자, 다음에 뵐게요
  · Buonanotte! 잘 자, 안녕히 주무세요
- ci vediamo: ci는 '우리 자신을', vediamo는 '보다'라는 뜻의 1인칭 복수형이다. 즉, '(우리는) 우리 자신들을 본다'라는 의미인데 명령형이므로 '우리들을 보자!'이다. 다시 의역하면 '우리 또 보자!'가 된다. 명령형과 재귀동사는 뒤에 가서 살펴보자.
- a domani: 'a'는 전치사로서 시간 혹은 때를 의미한다.

본문 해석

다니엘 안녕, 씰비아! 우리 또 만나!
씰비아 안녕, 다니엘! 내일 봐!

그림 보고 말하기

문형 연습

- A: 안녕, 로베르뜨! 우리 또 만나!
  B: 안녕, 다니엘! 내일 봐!

  1 Paolo, Giorgio
  2 Corinne, Elisabeth
  3 Silvia, Franca

새단어

- ciao 안녕
- ci vediamo 우리 또 만나(vedersi)
- domani 내일

기본회화 ❷

전체듣기 Track 013
따라듣기 Track 014

로베르뜨 뚜 쎄이 뀌 뻬르 스뚜디아레 리딸리아노
Robert Tu sei qui per studiare l'italiano?

잉그리드 씨 도마니 꼬민치오 일 꼬르소 꼰 라 쁘로펫쏘렛싸 밧딸리아
Ingrid Sì, domani comincio il corso con la professoressa Battaglia.

해설

- '~나라 말'에 해당하는 단어는 '~나라 남자'와 같은데 일반적으로 '~나라 말'에는 정관사를 붙인다. 예컨대, 이탈리아 남자는 italiano, 이탈리아어는 l'italiano라고 한다.
- 정관사: 이미 정해진 명사를 가리킬 때 쓴다.

단수	남성	il, lo
	여성	la
복수	남성	i, gli
	여성	le

- comincio는 동사원형 cominciare(시작하다)의 1인칭 단수 형태이다. 동사는 3가지 부류가 있다는 사실만 알고 있자! (즉, -are, -ere, -ire 동사)

본문 해석

로베르뜨 너 이탈리아어 공부하러 여기 왔니?
잉그리드 응, 난 내일부터 밧딸리아 교수의 수업을 들어.

그림 보고 말하기

문형 연습

• 너 여기 이탈리아어를 공부하러 왔니?

1 독일어(il tedesco)
2 영어(l'inglese)
3 스페인어(lo spagnolo)
4 프랑스어(il francese)

새단어

- qui 여기
- studiare 공부하다
- l'italiano 이탈리아어
- comincio 나는 시작한다(cominciare의 1인칭 단수)
- il corso 코스, 과정
- la professoressa 여선생, 여교수

기본회화 ❸

전체듣기 Track 015
따라듣기 Track 016

로베르뜨 Robert — 뻬르께 쎄이 인 이딸리아
Perché sei in Italia?

잉그리드 Ingrid — 쏘노 뀌 뻬르 스뚜디아레 리딸리아노
Sono qui per studiare l'italiano.

해설

- sono qui~: 직역하면 '나 여기 있다'인데, '나 여기 왔다'로 해석할 수 있다.
- per studiare l'italiano: per는 전치사인데, 동사가 뒤따를 경우 동사원형이 와야 한다.
  예) per cucinare(요리하기 위해)
  per imparare(배우기 위해)
  per viaggiare(여행하기 위해)
  per vivere(살기 위해)
- l'italiano: l'는 정관사 축약형으로서 lo가 포함되어 있다.

본문 해석

로베르뜨 왜 이탈리아에 왔니?
잉그리드 이탈리아어 공부하러 이곳에 왔어.

그림 보고 말하기

문형 연습

• 이탈리아어 공부하러 이곳에 왔어.

1 여행하러(per viaggiare)
2 관광하러(per visitare)
3 친구 만나러(per incontrare un amico)

새단어

□ perché 왜, 왜냐하면
□ per ~하러, ~위해, ~를 향해

기본회화 ❹

전체듣기 Track 017
따라듣기 Track 018

프랑까 / 께 오레 쏘노
Franca Che ore sono?

마리오 / 쏘노 레 운디치
Mario Sono le undici.

프랑까 / 스꾸사 께 지오르노 에 옷쥐
Franca Scusa, che giorno è oggi?

마리오 / 옷쥐 에 메르꼴레디
Mario Oggi è mercoledì.

해설

- che ore: che는 의문형용사(몇, 어떤)로서 ore를 수식한다. ore는 ora(시간)의 복수형이다.
- Sono le undici: 정관사 le가 사용된 것은 le ore undici의 의미이기 때문이다. 따라서 주어가 복수이므로 essere 동사는 sono로 활용되었다.
- 시간 표현
  1. sono le (시간) e (분)
     · Sono le otto e quindici. 8시 15분입니다.
     · Sono le nove e trenta(혹은 mezza). 9시 30분입니다.
     · Sono le tredici. 13시입니다.
  2. È l'una e dieci(1시 10분입니다)에서 essere 동사가 3인칭 단수로 된 것은 주어가 단수인 '한 시'이기 때문이다.
  3. 15분은 한 시간의 1/4이므로 un quarto라고도 하며, 45분은 한 시간의 3/4이므로 tre quarti
     (un: 기수, quarto: 서수)
     라고 하는데, 분자가 복수일 때는 분모의 어미를 복수로 해야 한다. tre libri와 같은 구조이다.
  4. 순서가 있는 서수는 기수와는 달리 명사와 성 · 수 일치한다.
     primo, secondo, terzo, quarto, quinto, sesto, settimo, ottavo, nono, decimo
     예) prima donna, primo livello
- Scusa: scusare(용서하다) 동사의 tu에 대한 명령형인데, Lei에 대한 명령, 즉 존칭형은 scusi로 쓴다.

본문 해석

프랑까	몇 시죠?
마리오	11시입니다.
프랑까	미안한데, 오늘 무슨 요일이죠?
마리오	오늘은 수요일입니다.

숫자 I numeri

□ uno(1)	□ sei(6)	□ undici(11)	□ sedici(16)
□ due(2)	□ sette(7)	□ dodici(12)	□ diciassette(17)
□ tre(3)	□ otto(8)	□ tredici(13)	□ diciotto(18)
□ quattro(4)	□ nove(9)	□ quattordici(14)	□ diciannove(19)
□ cinque(5)	□ dieci(10)	□ quindici(15)	□ venti(20)

요일 I giorni della settimana(일주일)

lunedì(월요일)	luna(달)
martedì(화요일)	marte(화성)
mercoledì(수요일)	mercurio(수성)
giovedì(목요일)	giove(목성)
venerdì(금요일)	venere(금성)
sabato(토요일)	saturno(토성)
domenica(일요일)	–

그림 보고 말하기

문형 연습

• A: 몇 시죠?
B: 11시입니다.

1 8시　　2 9시 15분
3 10시 30분　　4 13시
5 1시 45분

• A: 오늘 무슨 요일이죠?
B: 오늘은 수요일입니다.

1 월요일　　2 화요일
3 목요일　　4 금요일
5 토요일　　6 일요일

새단어

□ che 몇, 어떤(의문형용사)
□ ore ora(시간의 복수 형태)
□ undici 숫자 11
□ scusa 미안해(scusare의 tu에 대한 명령형)
□ giorno 날
□ oggi 오늘

문법

01 정관사

- Dov'è? / Dove sono? 어디에 있습니까?

정관사	명사	뜻	위치
Il 남성 단수 (정관사 lo를 사용하는 경우를 제외한 모든 남성 명사)	foglio libro giornale	종이 책 신문	è nel cassetto 서랍 속에 있다
I 남성 복수	fogli libri giornali	종이들 책들 신문들	sono sul tavolo 테이블 위에 있다
La 여성 단수	penna matita chiave	펜 연필 열쇠	è nella borsa 가방 속에 있다
Le 여성 복수	penne matite chiavi	펜들 연필들 열쇠들	sono sulla sedia 의자 위에 있다
Lo 남성 단수 1. 's + 자음'으로 시작되는 남성 단수 2. 'z, x, pn, ps, sc, gn'로 시작되는 남성 단수 3. 모음으로 시작되는 남성 단수	studente svizzero zio italiano americano	학생 스위스 남자 삼촌 이탈리아 남자 미국 남자	è nell'aula 교실에 있다
Gli 남성 복수	studenti svizzeri zii italiani americani	학생들 스위스 남자들 삼촌들 이탈리아 남자들 미국 남자들	sono nell'aula 교실에 있다

02 부정관사

- Che cosa è? 뭡니까?

È	una 여성 단수	lavagna penna matita finestra borsa porta	칠판 펜 연필 창문 가방 문
		chiave	열쇠
È	un 남성 단수	libro quaderno banco	책 노트 책상(교실용)
		giornale televisore	신문 TV
È	uno 1. 's + 자음'으로 시작되는 남성 단수 2. 'z, x, pn, ps, sc, gn'로 시작되는 남성 단수	specchio zaino	거울 배낭

* un' : una의 축약형 (un'amica ← una amica)

03 전치사관사(전치사+정관사)

	의미	il	i	lo	gli	la	le
a	~에(at)	al	ai	allo	agli	alla	alle
di	~의(of)	del	dei	dello	degli	della	delle
da	~부터(from)	dal	dai	dallo	dagli	dalla	dalle
su	위에	sul	sui	sullo	sugli	sulla	sulle
in	앞에	nel	nei	nello	negli	nella	nelle
con	~와						
per	위해			전치사, 정관사 분리			
fra	사이에						

연습문제 정관사, 부정관사, 전치사관사

01 정관사로 완성하시오

la	borsa		giornale		sedia		bicchiere
	chiave		pennarello		gomma		patente
	cellulare		cornetto		portafoglio		libro
	corso		penna		pizza		passaporto
	quaderno		panino		birra		matita

02 부정관사로 완성하시오.

una	borsa		giornale		sedia		bicchiere
	chiave		pennarello		gomma		patente
	cellulare		cornetto		portafoglio		libro
	corso		penna		pizza		passaporto
	quaderno		panino		birra		matita

03 〈보기〉와 같이 바꿔 쓰시오.

보기

La penna è sul banco. 그 펜은 (교실) 책상 위에 있다.

→ **Le penne** sono sul banco. 그 펜들은 책상 위에 있다.

1. **Il banco** è nell'aula.

→ ______

2. **La matita** è nella borsa.

→ ______

3. **Il quaderno** è nel cassetto.

→ ______

4. **Il bicchiere** è sul tavolo.

→

5. **Il dizionario** è sulla sedia.

→

6. **La borsa** è sulla sedia.

→

04 〈보기〉와 같이 바꿔 쓰시오.

보기

La signora è italiana. 그 부인은 이탈리아 분이다.
→ **Le signore** sono italiane. 그 부인들은 이탈리아 분들이다.

1. **Il tavolo** è piccolo.

→

2. **La lavagna** è nera.

→

3. **Il libro** è nuovo.

→

4. **La porta** è chiusa.

→

5. **Il giornale** è interessante.

→

6. **La signora** è francese.

→

Capitolo 03

Dov'è la borsa?

핵심 표현

· Dov'è la borsa?
가방은 어디에 있나요?

· Pronto? Sono Franca. C'è Mario?
여보세요? 프랑까인데요. 마리오 있나요?

· Scusa, Franca, a che ora apre la banca?
미안한데, 프랑까, 은행은 몇 시에 열지?

· Quale stagione preferisci?
넌 어떤 계절이 더 좋아?

Carnevale di Venezia

베네치아 카니발 축제

기본회화 ❶

전체듣기 Track 019
따라듣기 Track 020

뽀로펫쏘렛싸
Professoressa
도베 라 보르싸
Dov'è la borsa?

다니엘
Daniel
라 보르사 에 술라 쎄디아
La borsa è sulla sedia.

뽀로펫쏘렛싸
Professoressa
께 꼬사 체 넬라울라
Che cosa c'è nell'aula?

다니엘
Daniel
넬라울라 체 일 따볼로 체 라 라바냐 치 쏘노 이 방끼
Nell'aula c'è il tavolo, c'è la lavagna ; ci sono i banchi,
레 쎄디에 레 휘네스뜨레
le sedie, le finestre.

해설

- dove è = dov'è: 모음 e가 충돌하면서 축약된다.
- sulla sedia = su + la sedia(의자 위에): sula가 아니라 sulla가 된 것은 발음을 매끄럽게 하기 위한 것이다.
- c'è는 ci(there) è(is)의 축약형으로서 '~가 있다'이다. 반면, '의자들(le sedie)이 있다'라고 한다면 'ci sono le sedie.'라고 해야 한다.
- nell'aula에서 nella(nell')는 전치사 in과 정관사 la가 결합된 것으로 '전치사관사'라고 한다.
  - · in + il = nel, in + lo = nello, in + i = nei, in + gli = negli
- i banchi는 il banco의 복수 형태이고 복수 규칙에 따르면 i banci가 되어야 하는데, 동일한 음가를 유지하기 위해 h를 삽입시켜 i banchi가 되었다.
- '구체적인 소유'를 나타낼 때 전치사 di를 사용한다.

Sul banco 책상 위에	c'è (~가 있다)	il giornale 신문 la borsa 가방 il dizionario 사전	di(~의)	Ingrid Antonio Maria
	ci sono (~가 있다)	i quaderni 노트들 i fogli 종이들		

본문 해석

여교수 가방은 어디에 있나요?
다니엘 가방은 의자 위에 있습니다.
여교수 교실에는 무엇이 있나요?
다니엘 교실에는 테이블과 칠판이 있으며, 책상들, 의자들, 창문들이 있습니다.

그림 보고 말하기

문형 연습

- A: 가방은 어디에 있나요?
  B: 가방은 의자 위에 있습니다.

  1 칠판(la lavagna) / 교실 안에(nell'aula)
  2 책(il libro) / 책상 위에(sul banco)
  3 테이블(il tavolo) / 교실 안에

- A: 교실에는 무엇이 있나요?
  B: 교실에는 테이블이 있습니다.

  1 가방 속에(nella borsa) / 지갑(il portafoglio), 여권(il passaporto)
  2 책상 위에(sul banco) /
  신문(il giornale), 펜(la penna), 노트들(i quaderni), 종이들(i fogli)

새단어

- dove 어디
- la borsa 가방
- sulla 위에(전치사 su+정관사 la)
- sedia 의자
- che cosa 무엇(간혹 의문형용사 che를 생략하기도 한다)
- in 안에
- aula 교실
- il tavolo 테이블
- la lavagna 칠판
- i banchi 책상들
- le sedie 의자들
- le finestre 창문들

기본회화 ❷

전체듣기 Track 021
따라듣기 Track 022

프랑까 / 쁘론또? 쏘노 프랑까. 체 마리오?
Franca Pronto? Sono Franca. C'è Mario?

마리오 / 챠오, 쏘노 이오. 께 화이?
Mario Ciao, sono io. Che fai?

프랑까 / 쁘레빠로 일 쁘란쪼. 에 뚜?
Franca Preparo il pranzo. e tu?

마리오 / 아스꼴또 운 뽀 디 무지까.
Mario Ascolto un po' di musica.

해설

- fai는 fare(~를 하다)의 2인칭 단수이고 불규칙 활용을 한다.
  io faccio, tu fai, lui fa, noi facciamo, voi fate, loro fanno

- preparo는 preparare(준비하다)의 1인칭 단수 활용이다.
  ascoltare, scrivere, sentire와 같이 이탈리아어 동사는 –are, -ere, -ire 동사로 분류되는데 도표에서 보듯이 주어에 따라 활용 어미가 다르다. 주어가 io면 활용 어미 –o, 주어가 tu면 –i, noi면 – iamo, voi면 –ate/-ete/-ite이다.

	ascolt-are (청취하다)	scriv-ere (쓰다)	sent-ire (듣다)	fin-ire (끝내다)	
(io)	-o	-o	-o	-isc-o	cap-ire(이해하다)
(tu)	-i	-i	-i	-isc-i	sped-ire(발송하다)
(lui, lei)	-a	-e	-e	-isc-e	prefer-ire(선호하다)
(noi)	-iamo	-iamo	-iamo	-iamo	*-isc-를 삽입사라고 한다.
(voi)	-ate	-ete	-ite	-ite	
(loro)	-ano	-ono	-ono	-isc-ono	

- 전화로 누군가를 찾을 때의 표현
  Posso parlare con~? ~와 통화할 수 있을까요?
  Parlo con casa Rossi? 롯씨 집인가요?

- 전화로 응답할 때의 표현
  Chi parla? 누구신가요?
  Sì, un attimo. 네, 잠시만요. / No, non c'è. 아니오, 없습니다.

- 상대가 전화를 잘못 걸었을 때 하는 표현
  Scusi, ha sbagliato numero. 죄송합니다만, 당신은 잘못 거셨군요.

본문 해석

프랑까	여보세요? 프랑까인데요. 마리오 있나요?
마리오	잘 있었니? 나야. 뭐 해?
프랑까	점심 준비해. 너는?
마리오	음악 좀 듣고 있어.

그림 보고 말하기

문형 연습

- 여보세요? 프랑까인데요. 잉그리드 있나요?

1 Daniel, Mario
2 Robert, Silvia
3 Bosun, Chulsu

- A: 여보세요? 잘 있었니? 뭐 해?
  B: 점심 준비해.

1 이메일 써(scrivere un'e-mail)
2 음악 들어(ascoltare un po' di musica)

새단어

- pronto 여보세요(전화 대화)
- c'è~ ~있다(ci è 축약형)
- fai 너는 한다(fare의 2인칭 단수)
- preparo 나는 준비한다(preparare의 1인칭 단수)
- il pranzo 점심 식사
- e-mail 이메일(여성)

기본회화 ③

전체듣기 Track 023
따라듣기 Track 024

다니엘 스꾸사 프랑까 아 께 오라 아쁘레 라 방까
Daniel Scusa, Franca, a che ora apre la banca?

프랑까 알레 오또 에 벤띠
Franca Alle 8.20.

다니엘 에 아 께 오라 끼우데
Daniel E a che ora chiude?

프랑까 라 방까 끼우데 알레 뜨레디치 에 벤띠
Franca La banca chiude alle 13.20.

다니엘 그랏찌에 밀레
Daniel Grazie mille!

프랑까 쁘레고
Franca Prego!

해설

- Alle 8.20에서 alle(a+le)인 것은 질문이 a che ora, 즉 '몇 시에'라고 물었기 때문이고, 8.20은 8시 20분을 뜻한다. 8:20라고 쓰는 우리식 표기와 다르다.
  시간을 말하기 위해서는 숫자를 읽을 수 있어야 한다.
  Alle 13.20 - Alle tredici e venti
  Alle 20.15 - Alle venti e quindici(혹은 un quarto)
  Alle 17.30 - Alle diciasette e trenta(혹은 mezza)
- Grazie mille!: mille는 숫자 1,000을 나타낸다. 즉, 대단히 고맙다는 의미이다.
  Grazie molto!, Grazie tanto! 등으로도 쓸 수 있다.
- Prego!는 '천만에요'뿐만 아니라, '들어오세요, 앉으세요, 먼저 하시죠'로도 쓰인다.

본문 해석

다니엘	미안한데, 프랑까, 은행은 몇 시에 열지?
프랑까	8시 20분에 열어.
다니엘	그럼, 몇 시에 닫니?
프랑까	은행은 13시 20분에 닫아.
다니엘	정말 고마워.
프랑까	천만에!

그림 보고 말하기

문형 연습

• 미안합니다만, 아가씨(signorina), 은행은 몇 시에 열죠?

1 선생님(Mr./Signore) / 약국(la farmacia)
2 부인(Mrs./Signora) / 우체국(l'ufficio postale)
3 교수님(Professore) / 박물관(il museo)

• A: 그럼 몇시에 닫나요?
B: 은행은 13시 20분에 닫습니다.

1 약국 / 20시 15분
2 우체국 / 17시 30분
3 박물관 / 18시 30분
4 백화점(il centro commerciale) / 20시
5 도서관(la biblioteca) / 18시 20분

새단어

- a che ora 몇 시에
- apre 연다(aprire의 3인칭 단수)
- la banca 은행
- chiude 닫는다(chiudere의 3인칭 단수)
- grazie 감사합니다, 고마워
- mille 대단히, 숫자 1,000
- prego 천만에(pregare: 간청하다, 기도하다)

기본회화 4

전체듣기 Track 025
따라듣기 Track 026

마리오 씰비아 콴도 빠르띠 뻬르 리딸리아
Mario Silvia, quando parti per l'Italia?

씰비아 빠르또 인 아고스또
Silvia Parto in agosto.

마리오 에 꽐레 스따지오네 쁘레훼리쉬
Mario E, quale stagione preferisci?

씰비아 쁘레훼리스꼬 라 쁘리마베라
Silvia Preferisco la primavera.

해설

- parti는 partire(떠나다)의 2인칭 단수이다.
- '몇 월에'라고 할 때는 전치사 in을 사용하거나, nel mese di~를 사용하기도 한다.
  I mesi dell'anno(1년 12달)
  • gennaio (1월) • febbraio (2월) • marzo (3월) • aprile (4월)
  • maggio (5월) • giugno (6월) • luglio (7월) • agosto (8월)
  • settembre (9월) • ottobre (10월) • novembre (11월) • dicembre (12월)

  '2016년 9월 3일'을 어떻게 표현할까?
  Il (giorino) 3 settembre 2016 혹은 03/09/2016 (duemilasedici)라고 한다.
- quale는 stagione(계절)을 수식하면서 '어떤'이라는 의미를 갖는 의문형용사라고 한다.
  Le stagioni dell'anno(1년 4계절)
  1. la primavera (봄) l'estate (여름)
     l'autunno (가을) l'inverno (겨울)
  2. in primavera (봄에) in estate, d'estate (여름에)
     in autunno, d'autunno (가을에) in inverno, d'inverno (겨울에)
- 동사 preferire(선호하다)는 규칙 활용 어미와 어근 사이에 삽입사 -isc-가 들어간다. 이와 같은 활용을 하는 동사로는 capire(이해하다), spedire(발송하다), finire(끝내다, 마치다) 등이 있다.

preferire	
(io) preferisco (tu) preferisci (lui) preferisce	*(noi) preferiamo *(voi) preferite (loro) preferiscono

* 단, noi, voi에 대한 활용에서는 –isc–가 들어가지 않는다.

본문 해석

마리오	씰비아, 넌 언제 이탈리아로 떠나니?
씰비아	8월에 떠나.
마리오	그런데, 넌 어떤 계절이 더 좋아?
씰비아	난 봄을 더 좋아해.

그림 보고 말하기

문형 연습

• A: 씰비아, 넌 언제 이탈리아로 떠나니?
B: 8월에 떠나.

1 프랑스 / 2월
2 독일 / 5월
3 한국 / 10월
4 영국 / 7월
5 스페인 / 12월

• A: 씰비아, 넌 어떤 계절이 더 좋아?
B: 난 봄을 더 좋아해.

1 여름
2 가을
3 겨울

새단어

- □ quando 언제
- □ parti 너는 떠난다(partire의 2인칭 단수)
- □ per ~를 향하여, ~로
- □ quale 어떤(의문형용사)
- □ stagione 계절
- □ preferisci 너는 선호한다(preferire의 2인칭 단수)
- □ preferiso 나는 선호한다(preferire의 1인칭 단수)

문법

동사

① 이탈리아어 동사는 주어에 따라 활용을 달리 한다.
② 규칙 활용 동사와 불규칙 활용 동사로 나뉜다.
③ 직설법, 조건법, 명령법, 접속법, 부정법 등 5개의 법이 있다.
④ 직설법에는 시제 8개, 조건법 시제 2개(현재, 과거), 접속법 시제 4개(현재, 과거/불완료 과거, 대과거)가 있다.

01 직설법 현재 규칙 활용 동사

	제1활용 동사 -are	제2활용 동사 -ere	제3활용 동사 -ire	
io	-o	-o	-o	-isc-**o**
tu	-i	-i	-i	-isc-**i**
lui, lei, Lei	-a	-e	-e	-isc-**e**
noi	-iamo	-iamo	-iamo	**-iamo**
voi	-ate	-ete	-ite	**-ite**
loro	-ano	-ono	-ono	-isc-**ono**

예

	parlare (말하다)	prendere (먹다, 마시다, 타다)	sentire (듣다)	capire (이해하다)
io	parlo	prendo	sento	capisco
tu	parli	prendi	senti	capisci
lui, lei, Lei	parla	prende	sente	capisce
noi	parliamo	prendiamo	sentiamo	capiamo
voi	parlate	prendete	sentite	capite
loro	parlano	prendono	sentono	capiscono

02 직설법 현재 불규칙 활용 동사

	essere (이다, 있다)	avere (가지다)	fare (하다)	andare (가다)	venire (오다)
io	sono	ho	faccio	vado	vengo
tu	sei	hai	fai	vai	vieni
lui, lei, Lei	è	ha	fa	va	viene
noi	siamo	abbiamo	facciamo	andiamo	veniamo
voi	siete	avete	fate	andate	venite
loro	sono	hanno	fanno	vanno	vengono

	stare (있다)	volere (원하다)	potere (할 수 있다)	dovere (해야 한다)	sapere (알다)
io	sto	voglio	posso	devo	so
tu	stai	vuoi	puoi	devi	sai
lui, lei, Lei	sta	vuole	può	deve	sa
noi	stiamo	vogliamo	possiamo	dobbiamo	sappiamo
voi	state	volete	potete	devete	sapete
loro	stanno	vogliono	possono	devono	sanno

불규칙 활용 동사일지라도 어미는 규칙 활용 어미를 따르려고 하는 것을 볼 수 있다.

03 직설법(객관적인 서술법) 8개의 시제를 계단으로 도식화하면 다음과 같다.

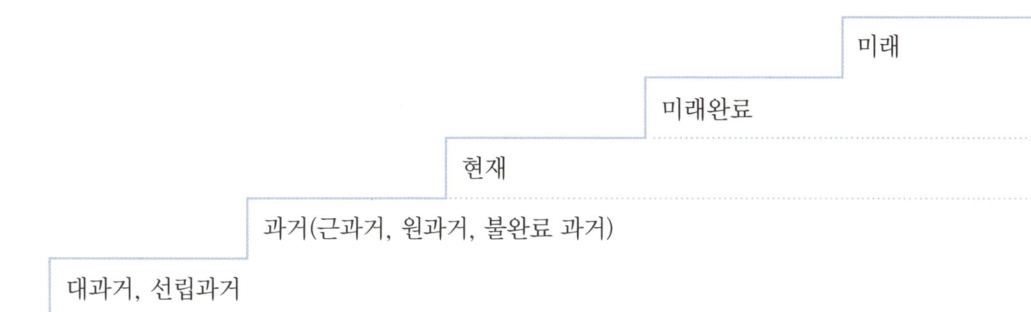

* 선립과거는 대과거로 대신한다.

01 〈보기〉와 같이 바꿔 쓰시오.

보기

Io **lavoro** in banca. → Noi **lavoriamo** in fabbrica.
나는 은행에서 일한다. → 우리는 공장에서 일한다.

1. Io **mangio** sempre a casa.
   → Noi ____________ sempre al ristorante.
2. Io **scrivo** un'e-mail.
   → Noi ____________ una cartolina.
3. Io **dormo** molto.
   → Noi ____________ poco.
4. Io **leggo** un libro.
   → Noi ____________ un giornale.
5. Tu **parli** bene lo spagnolo.
   → Voi ____________ bene l'inglese.
6. Tu **conosci** bene Milano.
   → Voi ____________ bene Napoli.

02 〈보기〉와 같이 바꿔 쓰시오.

보기

Noi **restiamo** a casa stasera. → Anch'io **resto** a casa stasera.
우리는 오늘 저녁 집에 머문다. → 나도 오늘 저녁 집에 머문다.

1. Noi **compriamo** il giornale.
   → Anch'io ____________
2. Noi **beviamo** solo acqua minerale.
   → Anch'io ____________
3. Noi **leggiamo** un libro.
   → Anch'io ____________

4. Voi **arrivate** sempre tardi.

→ Anche tu ______________________

5. Voi **dormite** in albergo stanotte.

→ Anche tu ______________________

6. Voi **scrivete** un'e-mail.

→ Anche tu ______________________

03 〈보기〉와 같이 바꿔 쓰시오.

보기

Nell'aula/Ingrid → Nell'aula **c'è** Ingrid.
잉그리드는 강의실에 있다.

Nell'aula/Ingrid e Robert → Nell'aula **ci sono** Ingrid e Robert.
잉그리드와 로베르뜨는 강의실에 있다.

1. Nell'aula/gli studenti

→ ______________________

2. Nell'aula/la professoressa

→ ______________________

3. Nell'aula/una ragazza tedesca

→ ______________________

4. Nell'aula/un ragazzo danese

→ ______________________

5. In Italia/molti studenti

→ ______________________

6. A Frienze/molti turisti

→ ______________________

Capitolo 04

Ciao, dove vai?

핵심 표현

· Ciao, Mario, dove vai? 안녕, 마리오, 어디 가니?

· Mario, andiamo in piscina giovedì sera?
마리오, 우리 목요일 저녁에 수영장에 갈까?

· Direttore, vuole venire in pizzeria con noi stasera?
부장님, 오늘 저녁에 저희와 피자집에 가실래요?

· Vuoi uscire o stare a casa?
나가고 싶니 아니면 집에 있고 싶니?

Basilica di Santa Maria del Fiore a Firenze

피렌체 산타 마리아 델 피오레 대성당

기본회화 ❶

전체듣기 Track 027
따라듣기 Track 028

씰비아 **Silvia**　챠오 마리오 도베 봐이
Ciao, Mario, dove vai?

마리오 **Mario**　봐도 인 방까 에 뽀이 데보 안다레 알라 뽀스따
Vado in banca e poi devo andare alla posta.

에 뚜 씰비아 도베 봐이
E tu, Silvia, dove vai?

씰비아 **Silvia**　봐도 알 쑤뻬르메르까또 데보 화레 라 스뻬사 뽀이 봐도 인 화르마치아
Vado al supermercato, devo fare la spesa, poi vado in farmacia.

해설

- devo andare alla posta에서 devo를 양상동사(조동사)라고 하는데 양상동사 뒤에는 동사원형이 온다. devo fare la spesa도 같은 맥락이다.
- fare 동사는 우리말의 구조와 같이 명사가 첨가되면서 '~하다'라는 숙어가 된다.
  예) fare i compiti(숙제하다)
  　　fare un giro(여행하다)
  　　fare colazione(아침식사하다)
  　　fare yoga(요가하다)
- 불규칙 활용 동사

andare (가다)		dovere (해야 한다)	
(io) vad**o** (tu) va**i** (lui) v**a**	(noi) and**iamo** (voi) and**ate** (loro) vanno	(io) dev**o** (tu) dev**i** (lui) dev**e**	(noi) dobb**iamo** (voi) dov**ete** (loro) dev**ono**

본문 해석

씰비아　안녕, 마리오, 어디 가니?
마리오　은행에 가. 그러고 나서 우체국에 가야 해.
　　　　그런데 씰비아, 너는 어디 가니?
씰비아　슈퍼마켓에 가. 장을 봐야 하거든. 그러고 나서 약국에 가야 해.

그림 보고 말하기

문형 연습

- A: 안녕, 마리오, 어디가니?
  B: 은행에 가. 그러고 나서 우체국에 가야 해.

  1 약국에 / 은행에
  2 서점에(in libreria) / 정육점에(in macelleria)
  3 담배 가게에(in tabaccheria) / 신문 판매점에(in edicola)

새단어

- vai 너는 간다(andare 동사의 2인칭 단수)
- vado 나는 간다(andare 동사의 1인칭 단수)
- poi 그러고 나서
- devo 나는 ~해야만 한다(dovere의 1인칭 단수)
- andare 가다
- posta 우체국
- supermercato 슈퍼마켓
- fare la spesa 장 보다
- farmacia 약국

기본회화 ❷

전체듣기 Track 029
따라듣기 Track 030

씰비아 / Silvia
마리오 안디아모 인 삐쉬나 지오베디 쎄라
Mario, andiamo in piscina giovedì sera?

마리오 / Mario
씨 볼렌띠에리 오 볼리아 디 누오따레
Sì, volentieri, ho voglia di nuotare.

씰비아 / Silvia
에 비에니 알 마레 꼰 메 도메니까 맛띠나
E, vieni al mare con me domenica mattina?

마리오 / Mario
논 쏘 훠르쎄 데보 안다레 아 로마 꼰 이 미에이 제니또리
Non so, forse devo andare a Roma con i miei genitori.

해설

- ho voglia di + 명사/동사원형: 나는 ~을 원한다
- vieni al mare ~?: vieni(venire의 2인칭 단수)는 '오다, 가다'의 의미가 있는데, 우리말로는 '갈래?'이지만 엄밀히 말하자면 화자도 바닷가에 간다는 조건 하에 '너도 갈래?'의 의미를 포함한다. 반면에 화자가 가지 않는 조건이면 'vai al mare~?'라고 해야 한다. andare 동사를 사용한다.
- con me: 전치사(con, per, a, di…)와 함께 할 경우, 강세형 대명사(me, te, lui, lei, Lei, noi, voi, loro)가 와야 한다.
- i miei genitori: miei는 소유 형용사이다. 수식하는 명사의 성 · 수를 따르기 때문에 원형 mio를 남성 복수로 변형시킨 miei를 쓴다.
- 가족, 친족 단수 명사 앞에 소유 형용사가 올 경우 정관사는 생략한다(단, loro는 제외).
  예) mio padre
  mia madre, mio marito(남편)
  mia moglie(아내)
  mia sorella(누이)

본문 해석

씰비아	마리오, 우리 목요일 저녁에 수영장에 갈까?
마리오	그래, 좋아. 수영하고 싶어.
씰비아	그리고, 일요일 오전에 나랑 바닷가에 갈래?
마리오	모르겠어, 아마 나의 부모님과 함께 로마에 가야 할지도 몰라.

그림 보고 말하기

문형 연습

- A: 마리오, 우리 목요일 저녁에 수영장에 갈까?
  B: 그래, 좋아. 난 수영하고 싶어.

  1 수요일 저녁 / 영화관에(al cinema) / 영화를 보다(vedere un film)
  2 토요일 저녁 / 극장에(a teatro) / 오페라를 보다(vedere un'opera)

- 모르겠어, 아마 나의 부모님과 로마에 가야 할지도 몰라.

  1 나의 친구들(i miei amici) / 피렌체에
  2 나의 여자 친구(la mia amica) / 밀라노에
  3 나의 아내(mia moglie) / 서울에

* cinema는 외형적으로 보면 여성 명사인 것 같은데 원래 cinematografo이므로 남성 명사이다. 다른 예를 들어보면 il tema(테마), il problema(문제), il sistema(시스템), il pigiama(파자마) 등이 있다.

새단어

- andiamo 우리는 간다(andare의 1인칭 복수)
- piscina 수영장
- sera 저녁
- volentieri 좋다, 기꺼이
- sì 네(Yes)
- voglia 욕망, 욕구
- nuotare 수영하다
- vieni 너는 간다(venire의 2인칭 단수)
- mare 바다
- con ~와 함께
- mattina 아침, 오전
- so 나는 안다(sapere의 1인칭 단수)
- forse 아마도
- genitori 부모님

기본회화 ❸

전체듣기 Track 031
따라듣기 Track 032

프랑까	마리오 비에니 인 핏쩨리아 꼰 노이
Franca	**Mario, vieni in pizzeria con noi?**
마리오	체르또 에 우나 부오나 이데아
Mario	**Certo, è una buona idea.**
프랑까	디렛또레 부올레 베니레 인 핏쩨리아 꼰 노이 스따쎄라
Franca	**Direttore, vuole venire in pizzeria con noi stasera?**
디렛또레	미 디스삐아체 논 뽓쏘 데보 라보라레 휘노 아 따르디
Direttore	**Mi dispiace, non posso, devo lavorare fino a tardi.**

해설

- volere(원하다): voglio, vuoi, vuole, vogliamo, volete, vogliono
  potere(할 수 있다): posso, puoi, può, possiamo, potete, possono
  dovere(해야 한다): devo, devi, deve, dobbiamo, dovete, devono
  - volere + 명사/동사원형 : Vuoi un caffè?, Vuoi venire in piscina?
  - potere/dovere + 동사원형 : Posso entrare?, Devo preparare la cena.
- 상대방의 제안에 대응하는 방법
  1) 수용할 경우: Sì, volentieri. 그럼, 기꺼이(물론이지).
  Certo, è una buona idea. 물론이지, 좋은 생각이야.
  Perché no? 왜 아니겠어? 좋아!
  2) 거절할 경우: Mi dispiace, non posso. 미안해, 갈 수가 없어.
  No, non ho voglia. 아니, 원하지 않아(생각없어).
  No, grazie, ho da fare. 고맙지만, 할 일이 있어.
  3) 불확실할 경우: Non so, non sono sicuro. 확실히 모르겠어.
  Forse 아마도(어쩌면, 글쎄)
- direttore(사장님, 부장님, 교장 선생님…)라는 존칭으로 불렀기 때문에 vuole로 활용한다.
- mi dispiace: '나에게(mi) 싫다, 유감이다(dispiace)'인데 '미안하다'의 의미이다.

본문 해석

프랑까	마리오, 우리와 피자집에 갈래?
마리오	물론이지. 좋은 생각이야.
프랑까	부장님, 오늘 저녁에 저희와 피자집에 가실래요?
부장	미안합니다. 갈 수가 없군요. 늦게까지 일해야 하거든요.

그림 보고 말하기

문형 연습

• A: 마리오, 우리랑 디스코텍에 갈래?
  B: 물론이지, 좋은 생각이야.

1 바에(al bar) / 왜 아니겠어? 좋아!
2 레스토랑에(al ristorante) / 미안해 갈 수가 없어
3 스키 타러(a sciare) / 확실히 모르겠어…
4 시내에(in centro) / 고맙지만 할 일이 있어

• 미안합니다. 갈 수가 없군요. 늦게까지 일해야 하거든요.

1 토요일까지(fino a sabato) / 논문 준비해야(preparare la tesi)
2 2시 까지(fino alle 2) / 집에 있어야(stare a casa)
3 늦게까지 / 청소해야(pulire)

새단어

- certo 물론
- buona 좋은(buono)
- idea 생각, 아이디어
- direttore 부장, 사장, 교장
- vuole 원한다(volere의 3인칭 단수)
- stasera 오늘 저녁
- mi dispiace 미안하다(dispiacere)
- posso 나는 ~할 수 있다(potere의 1인칭 단수)
- lavorare 일하다
- fino a ~ ~까지
- tardi 늦게

기본회화 ❹

전체듣기 Track 033
따라듣기 Track 034

씰비아 뽯쏘 엔뜨라레
Silvia Posso entrare?

다니엘 쁘레고 아반띠
Daniel Prego… avanti!

씰비아 부오이 우쉬레 오 스따레 아 까사 다니엘
Silvia Vuoi uscire o stare a casa, Daniel?

다니엘 쁘레훼리스꼬 스따레 아 까사 스따쎄라
Daniel Preferisco stare a casa stasera.

해설

- avanti는 본래 '앞으로'라는 의미인데, 이 상황에서는 '들어오세요'이다.
- potere: '할 수 있다'라는 의미와 '해도 좋다'라는 허락의 의미가 있다.

potere(할 수 있다)

(io) posso	fare una domanda?	질문해도 될까요?
(tu) puoi	chiudere la finestra?	창문 닫아 줄 수 있겠니?
(lui) può	ripetere, per favore?	반복해 주시겠습니까?
(noi) possiamo	entrare?	들어가도 되겠습니까?
(voi) potete	parlare più piano?	더 천천히 말해 줄 수 있겠니?
(loro) possono	capire la lingua italiana?	이탈리아어를 이해할 수 있어요?

- Vuoi uscire o stare a casa, Daniel? (우리말과 같은 억양)

본문 해석

씰비아 들어가도 되니?
다니엘 응, 들어와!
씰비아 다니엘, 나가고 싶니 아니면 집에 있고 싶니?
다니엘 오늘 저녁에는 집에 있을래.

그림 보고 말하기

문형 연습

- A: 들어가도 되나요?
  B: 네, 들어오세요!

  1 문을 열어도(aprire la porta) /
  네, 물론이죠(sì, certo) /
  2 한 가지 물어봐도(chiedere una cosa) /
  네, 물론이죠

- 나가고 싶니 아니면 집에 있고 싶니?

  1 클래식을 듣다(ascoltare la musica classica) / 음악을 듣다(ascoltare la musica)
  2 커피 마시다(prendere un caffè) / 차 마시다(prendere un tè)

새단어

- posso 나는 ~할 수 있다(potere의 1인칭 단수)
- entrare 들어가다
- prego 괜찮다
- avanti 앞으로
- uscire 외출하다, 밖에 나가다
- stare 머물다, 있다
- casa 집
- preferisco 나는 ~선호한다(preferire의 1인칭 단수)

01 소유 형용사 1

		단수 남성 명사			단수 여성 명사
il	mio (나의)	maglione 스웨터	la	mia	camicia 셔츠
	tuo (너의)	orologio 시계		tua	sciarpa 목도리
	suo (그의)	cappotto 외투		sua	amica 여자 친구
	nostro (우리들의)			nostra	
	vostro (너희들의)			vostra	
	loro (그들의)			loro	

		복수 남성 명사			복수 여성 명사
i	miei	pantaloni 바지	le	mie	scarpe 신발
	tuoi	guanti 장갑		tue	calze 스타킹
	suoi	amici 남자 친구들		sue	amiche 여자 친구들
	nostri	fratelli 남자 형제들		nostre	zie 숙모들
	vostri	zii 삼촌들		vostre	sorelle 여자 형제들
	loro	nonni 할아버지들		loro	nonne 할머니들

* il suo maglione에서 스웨터의 소유자는 과연 '그 남자'일까? 형태상으로는 'suo'이므로 '그 남자의 스웨터'로 보기 쉬운데, 전후 문맥을 봐야 하기 때문에 단정 지을 수 없다. 그리고 소유 형용사의 어미는 명사의 성 · 수와 일치해야 한다. loro (그들의)는 남성, 여성, 단수, 복수 동형이다.

Nella camera di ~의 방에	Carla	c'è 있다	**il** suo cappott**o** 그녀의 외투 **la** su**a** giacc**a** 그녀의 재킷, 상의
	Marco	ci sono 있다	**i** suo**i** pantalon**i** 그의 바지 **le** su**e** camici**e** 그의 셔츠들

loro는 성 · 수 일치하지 않는다!

Nella camera di Paolo e Franco 파올로와 프랑꼬의 방에	c'è 있다	**il** loro armadi**o** 그들의 옷장 **la** loro scrivani**a** 그들의 책상(서재용)
	ci sono 있다	**i** loro vestit**i** 그들의 옷들 **le** loro camici**e** 그들의 셔츠들

02 소유 형용사 + 단수 가족 · 친족 명사

(단, loro 예외)

	mio tuo suo nostro vostro	padre 아버지 fratello 형제(男) zio 삼촌 cugino 사촌(男) nonno 할아버지 nipote 손자, 조카(男)		mia tua sua nostra vostra	madre 어머니 sorella 형제(女) zia 숙모 cugina 사촌(女) nonna 할머니 nipote 손녀, 조카(女)
il	**loro**		**la**	**loro**	

* '나의 아내 mia mogile'에는 정관사가 빠져 있다. 가족, 친족 단수 명사 앞에 소유형용사가 올 경우에 그렇다.
예) mio padre, mia madre, mio marito, mia moglie, mia sorella
단수 가족 · 친족 명사와 소유 형용사가 사용되더라도 loro와 함께 쓸 경우에는 정관사가 쓰인다.

03 기수(수 형용사)

0	zero	10	dieci	20	venti	30	trenta
1	uno	11	undici	21	*ventuno	40	quaranta
2	due	12	dodici	22	ventidue	50	cinquanta
3	tre	13	tredici	23	ventitre	60	sessanta
4	quattro	14	quattordici	24	ventiquattro	70	settanta
5	cinque	15	quindici	25	venticinque	80	ottanta
6	sei	16	sedici	26	ventisei	90	novanta
7	sette	17	diciassette	27	ventisette	100	cento
8	otto	18	diciotto	28	*ventotto	112	centododici
9	nove	19	diciannove	29	ventinove	200	duecento
						933	novecentotrentatre

* ventuno ← venti + uno (모음축약), ventotto ← venti + otto

1.000	mille	1.000.000	un millione
2.000	duemila	2.000.000	due millioni
10.000	diecimila	1.000.000.000	un miliando

01 'andare' 동사를 활용하시오.

1. La mattina Piero ______________ in ufficio alle nove.
2. A mezzogiorno gli studenti ______________ alla mensa.
3. Ogni sera (io) ______________ in piscina con Marina.
4. (Noi) ______________ sempre a letto prima di mezzanotte.

02 'venire' 동사를 활용하시오.

1. Dirk ______________ da Heidelberg.
2. Quelle ragazze ______________ dal Brasile.
3. Pierre, da dove ______________ ?
4. Signor Carli, ______________ al cinema con noi?

03 〈보기〉와 같이 질문을 만드시오.

보기

Chiedete a Paolo il permesso di **fumare** in macchina.
파올로에게 차 안에서 담배 피워도 되는지 허락을 구해라.

→ Paolo, **posso fumare** in macchina?
파올로, 차 안에서 담배 피워도 될까?

1. Chiedete a Paolo il permesso di **andare** in bagno.

→ ______________________________

2. Chiedete a Paolo il permesso di **prendere** un bicchiere d'acqua.

→ ______________________________

3. Chiedete a Paolo il permesso di **aprire** la finestra.

→ ______________________________

04 〈보기〉와 같이 질문을 만드시오.

> 보기
>
> Chiedete al signor Fioretto se **vuole** un caffè
> 커피를 원하는지 피오레또 씨께 물어봐라.
>
> → Signor Fioretto, **vuole** un caffè?
> 피오레또 씨, 커피 드실래요?

1. Chiedete al signor Fioretto se **vuole** venire al bar.

   → ______________________________

2. Chiedete al signor Fioretto se **vuole** bere qualcosa di fresco.

   → ______________________________

3. Chiedete al signor Fioretto se **vuole** venire al cinema stasera.

   → ______________________________

05 소유 형용사로 완성하시오.

1. Giorgio, **questo** è ______________ orologio?
2. Roberta, **questi** sono ______________ vestiti?
3. Signora, **questa** è ______________ macchina?
4. Direttore, **queste** sono ______________ penne?
5. Paolo, **questi** sono ______________ occhiali?
6. Signora, **queste** sono ______________ chiavi?
7. Chiara, **questo** è ______________ maglione?
8. Professore, **questi** sono ______________ studenti?
9. Dottore, **questa** è ______________ borsa?

10.Ragazzi, **questi** sono ______________ motorini?

11 Ragazze, **questa** è ______________ casa?

12 Ragazzi, **questa** è ______________ classe?

Capitolo 05

Che cosa prendi?

핵심 표현

· Daniel, che cosa prendi?
다니엘, 뭐 먹을래?

· Scusi, da quale binario parte il treno per Napoli?
미안합니다만, 나폴리행 기차는 몇 번 홈에서 출발하나요?

· Di chi è questo maglione?
이 스웨터 누구 거니?

· Peccato! C'è un bel film al cinema.
안됐구나! 좋은 영화가 상영되는데.

Piazza della Signoria a Firenze

피렌체 시뇨리아 광장

기본회화 ❶

전체듣기 Track 035
따라듣기 Track 036

마리오 Mario	다니엘 께 꼬사 쁘렌디 Daniel, che cosa prendi?
다니엘 Daniel	운 까페 에 우나 빠스따 Un caffè e una pasta.
마리오 Mario	에 뚜 잉그리드 쁘레페리쉬 운 까뿟치노 오 운 까페 E tu Ingrid? Preferisci un cappuccino o un caffè?
잉그리드 Ingrid	쁘레페리스꼬 운 까뿟치노 Preferisco un cappuccino.

해설

- preferisci A o B ? : 너는 A나 B 중에 어떤 것을 더 좋아해?
(A를 올리고, B는 내린다.)
- che cosa는 의문사로서 '무엇'을 의미한다.

  기본적인 의문사

  chi(누가): Chi sei tu? 너는 누구니?

  quando(언제): Quando parti? 언제 떠나니?

  dove(어디서): Dove sei? 너 어디에 있니?

  che cosa(무엇을): Che cosa prendi? 뭐 먹을래(마실래)?

  come(어떻게): Come stai? 어떻게 지내?

  perché(왜): Perché sei in ltalia? 너는 왜 이탈리아에 왔니?

  quanto(얼마나): Quanto costa? 얼마죠?

  quale(어떤 것): Quale è il tuo cellulare? 너의 휴대폰은 어떤 것이니?
- 동사 prendere(take, get)의 다양한 쓰임새

(io) prendo	un gelato (아이스크림을 먹는다) un caffè (커피를 마신다) il treno (기차를 탄다) l'aereo (비행기를 탄다) l'autobus (버스를 탄다) il sole (일광욕을 한다)

본문 해석

마리오	다니엘, 뭐 먹을래?
다니엘	커피와 파스타 먹을래.
마리오	그러면 잉그리드 너는? 카푸치노와 커피 중에 무엇을 더 좋아하니?
잉그리드	카푸치노가 좋아.

그림 보고 말하기

문형 연습

- A: 다니엘, 뭐 먹을래?
  B: 파스타 먹을게.

1 우유(un latte)
2 생오렌지 주스(un'aranciata)
3 레몬차(un tè al limone)
4 오렌지 주스(una spremuta d'arancia)
5 딸기 아이스크림(un gelato alla fragola)

새단어

- prendi 너는 마신다, 먹는다(prendere의 2인칭 단수)
- caffè 커피
- pasta 파스타(밀가루 음식의 총칭)
- cappuccino 카푸치노

기본회화 ❷

전체듣기 Track 037
따라듣기 Track 038

마리오 수꾸지 다 꾸알레 비나리오 빠르떼 일 뜨레노 뻬르 나폴리
Mario Scusi, da quale binario parte il treno per Napoli?

빌리엣떼리아 달 비나리오 누메로 두에
Biglietteria Dal binario numero 2.

마리오 꾸안또 꼬스따 일 뜨레노 다 밀라노 아 나뽈리
Mario Quanto costa il treno da Milano a Napoli?

빌리엣떼리아 꼬스따 첸또 에우로
Biglietteria Costa 100 euro.

해설

- quale~: 의문형용사 '어떤'. binario를 수식한다.
- scusi: scusare 동사의 존칭(Lei) 명령형
- costare 동사는 3인칭 단수(costa), 3인칭 복수(costano) 활용만 한다.
- I numeri(숫자)
  - trenta(30)
  - quaranta(40)
  - cinquanta(50)
  - sessanta(60)
  - settanta(70)
  - ottanta(80)
  - novanta(90)
  - cento(100)
  - duecento(200)
  - trecento(300)
  - quattrocentocinquanta(450)
  - settecentottanta(780)
  - novecento(900)
  - mille(1.000)
  - millecinquecento(1.500)
  - duemila(2.000)

본문 해석

마리오 미안합니다만, 나폴리행 기차는 몇 번 홈에서 출발하나요?
매표소 2번 홈입니다.
마리오 밀라노-나폴리 간 기차 요금이 얼마죠?
매표소 100유로입니다.

그림 보고 말하기

문형 연습

- A: 미안합니다만, 나폴리행 기차는 몇 번 홈에서 출발하나요?
  B: 2번 홈입니다.

  1 Roma / 1번 홈
  2 Milano / 4번 홈

- A: 로마-서울 간 항공편(il volo)은 얼마입니까?
  B: 870유로입니다.

  1 Roma-Barcellona / 300euro
  2 Roma-Londra / 450euro
  3 Roma-Budapest / 500euro
  4 Roma-Stoccolma / 600euro

새단어

- □ scusi 실례합니다(scusare의 Lei에 대한 명령형)
- □ da ~로부터
- □ quale 어느, 어떤
- □ parte 떠난다, 출발한다(partire의 3인칭 단수)
- □ dal da+il (전치사관사)
- □ binario 플랫폼, 선로
- □ numero 번호, 수
- □ quanto 얼마(how much)
- □ costa 비용이 들다(costare의 3인칭 단수)
- □ il treno 기차
- □ da~a~ ~부터 ~까지(from~to~)

기본회화 ❸

전체듣기 Track 039
따라듣기 Track 040

잉그리드 **Ingrid**

께 꼰푸시오네 마 께 꼬사 에 뚯또 꿰스또 디쏘르디네
Che confusione! Ma che cosa è tutto questo disordine?

디 끼 에 꿰스또 말리오네 다니엘 에 일 뚜오
Di chi è questo maglione? Daniel, è il tuo?

다니엘 **Daniel**

씨, 에 일 미오
Sì, è il mio.

잉그리드 **Ingrid**

꽐 에 로롤로지오 디 로베르뜨 에 꿸로
Qual è l'orologio di Robert? È quello?

다니엘 **Daniel**

노 꿸로롤로지오 에 디 마리오
No, quell'orologio è di Mario.

해설

- di chi è~?: '~은 누구의 것입니까?'로 해석할 수 있으며 전치사 'di'는 소유의 의미
- che confusione!: 감탄문의 한 형식으로 che+명사!', 'che+형용사!'로도 쓴다.
  예) che bella! 참 아름답구나!
- 의류

*장갑(guanti)	목도리(sciarpa)	타이(cravatta)
*바지(pantaloni)	옷(vestito)	파자마(pigiama)
*신발(scarpe)	*반바지(pantaloncini)	*장화, 부츠(stivali)
*스타킹(calze)	속옷(biancheria)	모자(cappello)
스커트(gonna)	T셔츠(maglietta)	*양말(calzini)
상의(giacca)	*슬리퍼(ciabatte)	
*청바지(jeans)	*샌들(sandali)	

* 한 벌이 쌍으로 이루어져 있어서 항상 복수로 쓰인다.

- quello(저것): 지시대명사로서 남성 단수 명사를 대신한다.
  - casa → quella
  - orologio → quello
  - case → quelle
  - orologi → quelli
- quell'orologio: quello orologio의 축약형이다. 지시형용사는 뒤따르는 명사와 소리를 편하게 내기 위해서 정관사의 규칙을 따른다.
  예) quello studente 그 학생 / quegli studenti 그 학생들
  quel foglio 그 종이 / quei fogli 그 종이들

본문 해석

잉그리드 어머, 어지러워라! 도대체, 이게 다 뭐야? 이 스웨터 누구 거니? 다니엘, 네 거야?
다니엘 응, 내 거야.
잉그리드 로베르뜨의 시계는 어떤 거니? 그거니?
다니엘 아니, 그 시계는 마리오 거야.

그림 보고 말하기

문형 연습

- A: 이 스웨터 누구 거니? 다니엘, 네 거니?
  B: 응, 내 거야.

  1 이 상의(questa giacca)
  2 이 Y셔츠(questa camicia)
  3 이 외투(questo cappotto)
  4 이 시계(questo orologio)

- A: 이 옷들 누구 거니? 다니엘, 네 거니?
  B: 응, 내 거야.

  1 이 책들(questi libri)
  2 이 신문들(questi giornali)
  3 이 스타킹(queste calze)
  4 이 Y셔츠들(queste camicie)

새단어

- confusione 혼란, 무질서, 난잡
- tutto 모든
- disordine 무질서, 혼란, 난잡, 무절제
- chi 누구
- è di~ ~의 것이다
- maglione 스웨터
- orologio 시계
- qual(e) 어떤 것
- quello 저것, 그것(지시대명사), 저것의(지시형용사)

기본회화 ❹

전체듣기 Track 041
따라듣기 Track 042

마리오 Mario	뷔에니 꼰 노이 알 치네마 Vieni con noi al cinema?
잉그리드 Ingrid	논 뽓쏘 옷쥐 논 스또 베네 Non posso, oggi non sto bene.
마리오 Mario	뻬까또 체 운 벨 휠므 알 치네마 라 뷔따 에 벨라 Peccato! C'è un bel film al cinema "La vita è bella".
잉그리드 Ingrid	미 디스삐아체 라 쁘롯씨마 볼따 안디아모 인씨에메 Mi dispiace. La prossima volta andiamo insieme!

해설

- c'è un bel film~: 좋은 영화가 있다, 즉 좋은 영화가 상영되고 있다의 의미
  bello(아름다운, 좋은)가 bel이 된 것은 뒤따르는 명사와 정관사 규칙을 따른 것으로, 즉 bel film로 써야 한다.

- 기쁨, 놀라움, 실망, 낙담을 나타내는 표현
  1. Che bella giornata! 날씨 참 좋구나!
  2. Che fortuna! 행운이구나!
  3. Che bella sorpresa! 뜻밖이구나!
  4. Che bella idea! 좋은 생각이구나!
  5. Che peccato! 아, 이런!
  6. Accidenti! 일 났구나!
  7. Peccato! 안됐구나!
  8. Che bello! 아, 기분 좋아라! / 아, 멋있구나!

- 직설법 현재 불규칙 활용

	venire(가다, 오다)	stare(이다, 있다)
(io)	vengo	sto
(tu)	vieni	stai
(lui, lei)	viene	sta
(noi)	veniamo	stiamo
(voi)	venite	state
(loro)	vengono	stanno

본문 해석

마리오	너 우리와 영화관 갈래?
잉그리드	난 갈 수가 없어, 오늘 컨디션이 안 좋아.
마리오	안됐구나! 좋은 영화 "인생은 아름다워"가 상영되는데.
잉그리드	미안해. 다음에 함께 가자!

그림 보고 말하기

문형 연습

- A: 너 우리와 **영화관에** 갈래?
  B: 난 갈 수가 없어. 오늘 컨디션이 안 좋아.

  1 바다에(al mare)
  2 도서관에(in biblioteca)
  3 박물관에(il museo)

새단어

- vieni 너는 간다(venire의 2인칭 단수)
- cinema 영화관(cinematografo의 축약형)
- oggi 오늘
- peccato! 안됐구나!
- film 영화(외래어는 대부분 남성)
- vita 인생

문법

01 소유 형용사 2

io	Questa è la mia camicia. 이것은 나의 Y셔츠이다. Questo è il mio maglione. 이것은 나의 스웨터이다. Queste sono le mie calze. 이것들은 나의 스타킹이다. Questi sono i miei guanti. 이것들은 나의 장갑이다.
tu	Maria, questa è la tua gonna? 마리아, 이것은 너의 스커트이니? Maria, questo è il tuo golf? 마리아, 이것은 너의 골프채이니? Maria, queste sono le tue scarpe? 마리아, 이것들은 너의 신발이니? Maria, questi sono i tuoi pantaloni? 마리아, 이것들은 너의 바지이니?
Lei Paolo Chiara	Signora, questa è la Sua borsa? 부인, 이것은 당신의 가방입니까? Signora, questo è il Suo ombrello? 부인, 이것은 당신의 우산입니까? Questa è la sua giacca? 이것들은 그의 상의입니까? Questi sono i suoi jeans? 이것들은 그의 청바지입니까? Questo è il suo cappotto? 이것은 그의 외투입니까? Queste sono le sue calze? 이것들은 그의 스타킹입니까?
noi	Questa è la nostra casa. 이것은 우리의 집이다. Questo è il nostro giardino. 이것은 우리의 정원이다. Questi sono i nostri vicini. 이분들은 우리들의 이웃이다. Queste sono le nostre biciclette. 이것들은 우리들의 자전거이다.
voi	Questa è la vostra macchina? 이것은 너희들의 자동차이니? Questi sono i vostri amici? 얘들은 너희들의 친구이니?
loro	Questa è la loro macchina. 이것은 그들의 자동차이다. Questi sono i loro bambini. 얘들은 그들의 아이이다.

* loro는 변하지 않는다.

02 빈칸을 소유 형용사로 채워 보세요!

La mia camicia è bianca. 나의 Y셔츠는 하얗다.

io	1. ______ ____________ maglione è nero. (검다)
	2. ______ ____________ calze sono marroni. (밤색이다)
	3. ______ ____________ guanti sono verdi. (녹색이다)
tu	4. ______ ____________ gonna è di seta? (실크로 되어 있다)
	5. ______ ____________ scarpe sono di pelle? (가죽으로 되어 있다)
	6. ______ ____________ pantaloni sono di cotone? (면으로 되어 있다)
Professore	7. ______ ____________ lavoro è interessante? (흥미롭다)
	8. ______ ____________ studenti sono bravi? (훌륭하다)
Lei Paolo Chiara	9. ______ ____________ orologio è nuovo. (새것이다)
	10. ______ ____________ calze sono leggere. (가볍다)
	11. ______ ____________ sciarpa è di lana. (울로 되어 있다)
	12. ______ ____________ calze sono di Nylon. (나일론으로 되어 있다)
noi	13. ______ ____________ casa è piccola. (작다)
	14. ______ ____________ vicini sono simpatici. (성격이 좋다)
voi	15. ______ ____________ macchina è una Fiat? (피아트 회사 것이다)
	16. ______ ____________ amiche sono italiane? (이탈리아인들이다)
loro	17. ______ ____________ giardino è pieno di fiori. (꽃들로 가득하다)
	18. ______ ____________ vicini sono gentili. (친절하다)

* 정답

1. Il mio	2. Le mie	3. I miei	4. La tua	5. Le tue
6. I tuoi	7. Il suo	8. I Suoi	9. Il suo	10. Le sue
11. La sua	12. Le sue	13. La nostra	14. I nostril	15. La vostra
16. Le vostre	17. Il loro	18. I loro		

01 동사를 직설법 현재로 활용하시오.

1. Grazia (**spedire**) ____________________ una lettera.
2. Io (**spedire**) ____________________ un pacco.
3. Io (**capire**) ____________________ quando tu parli lentamente.
4. Gli studenti (**capire**) ____________________ bene queste parole.

02 〈보기〉와 같이 질문에 답하시오.

보기

Che cosa **legge** Paolo? (un libro giallo) → Paolo **legge** un libro giallo.
파올로는 무엇을 읽니? 파올로는 추리소설을 읽는다.

1. Che cosa **scrive** Paolo? (un'e-mail)
   → ____________________
2. Che cosa **mangia** Paolo? (un panino)
   → ____________________
3. Che cosa **canta** Paolo? (una canzone italiana)
   → ____________________
4. Che cosa **suona** Paolo? (il violino)
   → ____________________
5. Che cosa **leggono** i ragazzi? (il giornale)
   → ____________________
6. Che cosa **mangiano** i bambini? (il gelato)
   → ____________________

03 〈보기〉와 같이 문장은 완성하시오.

보기

Marco **mangia** sempre a casa. → Martina **non** mangia **mai** a casa.
마르코는 늘 집에서 밥 먹는다. 마르티나는 절대로 집에서 밥 먹지 않는다.

1. Marco **studia** sempre.

   Martina ______________________________

2. Marco **prende** sempre l'autobus.

   Noi ______________________________

3. Marco **finisce** sempre di lavorare tardi.

   Tu ______________________________

4. Marco **arriva** sempre tardi.

   Voi ______________________________

5. Marco **guarda** sempre la TV.

   Io ______________________________

6. Marco **dorme** sempre il pomeriggio.

   Loro ______________________________

04 동사를 직설법 현재로 활용하시오.

1. Il padre di Mauro (**finire**) __________ di lavorare alle 18 e (**tornare**) __________ subito a casa.
2. Gli amici di Cristiana (**frequentare**) __________ un corso di francese a Parigi.
3. Alla pizzeria " Mediterranea" (**noi-mangiare**) __________ sempre una buona pizza e (**spendere**) __________ poco.
4. "Che fai?" "(**Telefonare**) __________ a Marco, ma la linea è sempre occupata".
5. (**Noi-prendere**) __________ il caffè al bar ogni mattina.
6. Oggi (**io-restare**) __________ a casa e (**guardare**) __________ la TV.

Capitolo 06

Sei stato in vacanza?

핵심 표현

· Sei stato in vacanza?
휴가 갔었니?

· Quando sei tornato dalle vacanze?
너는 언제 휴가에서 돌아왔니?

· Che cosa hai visitato a Venezia?
베네치아에서 어디를 방문했니?

· Dove è andato Robert in vacanza?
로베르뜨는 휴가 때 어디를 갔었니?

Piazza San Pietro a Roma

로마 산피에트로 광장

기본회화 ❶

전체듣기 Track 043
따라듣기 Track 044

Franca	Ciao, Mario. Sei stato in vacanza?
Mario	Sì, sono tornato due giorni fa.
Franca	Sei andato anche quest'anno a Seoul?
Mario	No, io sono andato all'lsola di Jeju.

해설

- sei stato, sono tornato, sei andato 등의 형태를 직설법 근과거라고 한다. 근과거는 최근에 발생한 사건을 표현할 때 사용하는 시제로서 두 가지 형태가 있다.
  1) essers 직설법 현재 + 과거분사(자동사) 〈단, 주어의 성 · 수에 과거분사 어미 일치〉
  2) avere 직설법 현재 + 과거분사(타동사)
- 주어의 성 · 수에 따라 과거분사 어미 일치
  1. Ciao, Brun**o**. Sei stat**o** in vacanza?
     Ciao, Luci**a**. Sei stat**a** in vacanza?
  2. Sei andato a Seoul? 문장의 주어는 남성이라는 것을 알 수 있다.
- 규칙 과거분사 만드는 법

원형	-are	-ere	-ire
과거분사	-ato	-uto	-ito

* 그러나 영어와 같이 불규칙 과거분사도 있다는 점에 유의!

예) prendere(preso)
fare(fatto)
venire(venuto)

- quest'anno = questo anno

본문 해석

프랑까	안녕, 마리오. 휴가 갔었니?
마리오	응, 이틀 전에 돌아왔어.
프랑까	올해도 서울에 갔었니?
마리오	아니, 제주도에 갔었어.

그림 보고 말하기

문형 연습

• A: 안녕, 마리오. 휴가 갔었니?
B: 응, 이틀 전에 돌아왔어.

1 Lucia / 어제(ieri)
2 Giuseppe / 5일 전(cinque giorni fa)
3 Sandro / 일주일 전(una settimana fa)

새단어

- stato 있었다(stare의 과거분사)
- vacanza 휴가
- tornato 돌아왔다(tornare의 과거분사)
- due giorni 이틀
- andato 갔다(andare의 과거분사)
- fa 전
- anche 역시
- quest'anno 올해(questo anno의 축약형)
- Isola 섬

기본회화 2

전체듣기 Track 045
따라듣기 Track 046

Silvia	Ciao, quando sei tornato dalle vacanze?
Robert	Sono arrivato pochi minuti fa.
Silvia	Dove sei stato?
Robert	Ho viaggiato per l'Italia. Adesso ti racconto.

해설

- sei tornato, sono arrivato, sei stato: 주어가 Robert(남자)이므로 과거분사 어미는 -o이다.
- ho viaggiato per l'Italia: 'avere+과거분사' 형태이다. 과거분사의 어미와 주어의 성 · 수를 일치시키지 않아도 된다.
- 자동사와 타동사를 구분하는 방법은 목적어(~을/를)가 있는지 없는지를 보면 된다. 예컨대, 'Sono andato in montagna'에서 in montagna는 보어일 뿐이다. 반면, 'Ho cambiato casa'에서 casa는 목적어이므로 cambiare를 근과거로 만들 경우, avere 동사를 써야 한다.
- cambiare(바꾸다)의 다양한 의미

Ho cambiato	treno	기차를 (바꿔 탔다)
	casa	집을 (이사했다)
	il vestito	옷을 (바꿔 입었다)
	i soldi	돈을 (환전했다)
	un assegno	수표를 (바꿨다)
	strada	길을 (다른 길을 택했다)
	vita	삶, 인생을 (삶의 형태를 바꿨다)
	idea	생각을 (바꿨다)

본문 해석

씰비아	안녕, 너는 언제 휴가에서 돌아왔니?
로베르뜨	조금 전에 도착했어.
씰비아	어디 갔었니?
로베르뜨	이탈리아를 여행했어. 지금 네게 이야기해 줄게.

그림 보고 말하기

문형 연습

- A: 너 어디 갔었니?
  B: 이탈리아를 여행했어.

1 프랑스
2 독일
3 스페인
4 한국
5 일본

새단어

- dalle vacanze 휴가에서, 휴가로부터
- arrivato 도착했다(arrivare의 과거분사)
- pochi minuti 몇 분
- viaggiato 여행했다(viaggiare의 과거분사)
- adesso 지금
- ti 너에게(간접대명사)
- racconto 나는 이야기한다(raccontare의 1인칭 단수)

기본회화 ❸

전체듣기 Track 047
따라듣기 Track 048

Silvia	Che cosa hai visitato a Venezia?
Robert	Ho visitato Piazza San Marco, il Palazzo Ducale e il Ponte dei Sospiri.
Silvia	Come è Venezia?
Robert	È fantastica e bellissima.

해설

- visitare 동사는 목적어를 필요로 하는 타동사(~을/를 방문하다)이므로 avere 동사를 사용했다.
- 타동사 passare(보내다)를 근과거로 만들기

<table>
<tr><td rowspan="4">Ho passato
(보냈다)</td><td colspan="3">la serata a casa(집에서 저녁 한때를)</td></tr>
<tr><td colspan="3">le vacanze al mare(바닷가에서 휴가를)</td></tr>
<tr><td>il tempo libero(여가 시간을)
molte ore(많은 시간을)</td><td>a</td><td>leggere(독서로)
studiare(공부로)</td></tr>
<tr><td colspan="3">il finesettimana in campagna(시골에서 주말을)
un brutto momento(고통스런 시기를)</td></tr>
</table>

- bellissima : bella의 최상급[bello(원급)+issima]

본문 해석

씰비아	베네치아에서 어디를 방문했니?
로베르뜨	산 마르코 광장과 두깔레 궁전 그리고 한숨의 다리를 방문했어.
씰비아	베네치아는 어때?
로베르뜨	환상적이고 매우 아름다워.

그림 보고 말하기

문형 연습

- A: 베네치아에서 넌 어디를 방문했니?
  B: 산 마르코 광장을 방문했어.

1 피렌체 / 우핏찌 미술관(la Galleria degli Uffizi)
2 로마 / 콜로세움(il Colosseo), 스페인광장(Piazza di Spagna), 바티칸(il Vaticano)
3 서울 / 경복궁(il Palazzo Kyeongbok), 덕수궁(il Palazzo Deoksu), 민속촌(il Villaggio Folcloristico)

새단어

- che cosa 무엇
- visitato 방문했다(visitare의 과거분사)
- piazza 광장
- palazzo 궁전
- ponte 다리
- sospiri 한숨, 탄식
- fantastica 환상적인
- bellissima 매우 아름다운

기본회화 ❹

전체듣기 Track 049
따라듣기 Track 050

Mario	Dove è andato Robert in vacanza?
Silvia	È andato a Roma.
Mario	Che cosa ha fatto di bello durante le vacanze?
Silvia	Ha visitato il Colosseo, Piazza di Spagna e il Vaticano.

해설

- 자동사 arrivare를 근과거로 만들기

(io)Sono arrivato/a (tu)Sei arrivato/a (lui)È arrivato (lei)È arrivata	in Italia	poco(조금) pochi minuti(몇 분) un'ora(한 시간)	fa(前)
		ieri(어제) l'altro ieri(그저께) tre giorni fa(3일 전)	
		una settimana(일주일) due mesi(두 달) tre anni(3년)	fa(前)

- Che cosa ha fatto di bello~?를 직역하면 '그는 재미있는 무엇을 했는가?'인데, 의역하면 '재미있게 지냈어?'이다. 'Che cosa hai di bello?'는 '요즘 재미있어?'라고 볼 수 있다. di bello는 che cosa를 수식한다.

본문 해석

마리오	로베르뜨는 휴가 때 어디를 갔었니?
씰비아	로마에 갔었어.
마리오	휴가 동안 재미있게 지냈대?
씰비아	콜로세움, 스페인광장, 그리고 바티칸을 방문했대.

그림 보고 말하기

문형 연습

- A: 로베르뜨는 휴가 때 어디를 갔었니?
  B: 그는 로마에 갔었어.

1 너는(男) / 서울
2 그녀는 / 뉴욕
3 너희들은(女+女) / 뮌헨
4 그는 / 파리

새단어

- fatto 했다(fare의 과거분사)
- di bello 재미있는
- durante 동안
- piazza 광장

01 직설법 근과거

1) 최근에 결론 지어진 과거 행위를 표현

2) essere 현재 + 자동사의 과거분사(주어의 성 · 수와 어미 일치)

- **Mario** è andat**o** a Milano. 마리오는 밀라노에 갔다.
- **Daniela** è andat**a** a Bologna. 다니엘라는 볼로냐에 갔다.
- **Mario e Daniela** sono andat**i** in vacanza. 마리오와 다니엘라는 휴가 갔다.
- **Daniela e Maria** sono andat**e** al lavoro. 다니엘라와 마리아는 일하러 갔다.

3) avere 현재 + 타동사의 과거분사

- **Ho parlato** l'italiano in classe. 나는 수업 시간에 이탈리아어를 말했다.
- **Hai insegnato** l'inglese? 너는 영어를 가르쳤니?
- Ragazzi, **avete ripetuto** la lezione di ieri? 얘들아, 어제 수업 복습했니?
- **Hanno avuto** la febbre. 그들은 열이 났다.
- **Hai capito** la domanda? 너는 질문을 이해했니?
- **Ho dormito** tutto il giorno. 나는 하루 종일 잠을 잤다.

4) 규칙 과거분사
-ato(-are), -uto(-ere), -ito(-ire)

5) 타동사는 목적어를 필요로 하는 동사를 말한다.

02 불규칙 과거분사

실용 회화에 빈번하게 사용되는 불규칙 과거분사는 -ere 동사에 많다.

동사원형	과거분사	예문
essere	stato/a 있었다	**Sono stato** a Roma. 나는 로마에 있었다.
venire	venuto/a 왔다	Maria **è venuta** da me. 마리아가 나의 집에 왔다.
spendere	speso 돈을 썼다, 소비했다	**Avete speso** tanti soldi? 너희들 많은 돈을 썼니?
dire	detto 말했다	**Ho detto** la verità. 나는 진실을 말했다.
aprire	aperto 열었다	La ragazza **ha aperto** la finestra. 그 아가씨가 창문을 열었다.
fare	fatto 했다	**Hai fatto** la spesa? 네가 장을 봤니?
leggere	letto 읽었다	I miei studenti **hanno letto** tanti libri. 나의 학생들은 많은 책을 읽었다.
mettere	messo 놓았다, 두었다, 맡겼다	**Hai messo** in ordine la tua camera? 너의 방을 정리 정돈했니?
prendere	preso 마셨다, 먹었다, 탔다	**Abbiamo preso** un gelato. 우리는 아이스크림을 먹었다.
vedere	visto 보았다	**Ho visto** un bel film alla TV. 나는 TV에서 재미있는 영화를 봤다.
scrivere	scritto 썼다	**Hai scritto** un'e-mail a Lucia? 루치아에게 이메일 썼니?
chiedere	chiesto 물었다, 요청했다	**Ho chiesto** una scusa ad una signora. 나는 부인께 실례를 구했다.
rimanere	rimasto/a 남았다, 머물렀다	Maria e Lucia **sono rimaste** a casa. 마리아와 루치아는 집에 머물렀다.
rispondere	risposto 대답했다	**Hai risposto** subito alle e-mail? 너는 이메일에 바로 답장했니?
accendere	acceso 켰다	Non **ho acceso** il gas. 나는 가스를 끄지 않았다.
spegnere	spento 껐다	**Ho spento** la luce. 나는 전등을 껐다.
chiudere	chiuso 닫았다	Un ragazzo **ha chiuso** la porta. 한 청년이 문을 닫았다.
perdere	perso 잃어버렸다, 놓쳤다	**Ha perso** il treno per Milano. 나는 밀라노 행 기차를 놓쳤다.

01 〈보기〉와 같이 바꾸시오.

보기

Ogni giorno **mangio** alla mensa. → Anche ieri **ho mangiato** alla mensa.
매일 나는 구내식당에서 밥 먹는다. 어제도 나는 구내식당에서 밥 먹었다.

1. Ogni giorno **dormo** fino a tardi.

→ ______

2. Ogni giorno **ricevo** molte e-mail.

→ ______

3. Ogni giorno **incontro** i miei amici in centro.

→ ______

02 〈보기〉와 같이 바꾸시오.

보기

Ogni mattina Paolo **va** a lezione all'Università.
매일 아침 파올로는 대학 수업에 간다.
→ Anche ieri mattina Paolo **è andato** a lezione all'Università.
어제 아침에도 파올로는 대학 수업에 갔다.

1. Ogni pomeriggio Sandro **viene** a casa mia.

→ ______

2. Ogni sera Gianni **torna** a casa tardi.

→ ______

3. Ogni mattina Francesco **esce** di casa alle 17.

→ ______

03 〈보기〉와 같이 바꾸시오.

보기

Vado in vacanza in Sicilia. → **Sono andato** in vacanza in Sicillia.
나는 시칠리아에 휴가 간다. 나는 시칠리아에 휴가 갔다.

1. **Faccio** una passeggiata in centro.

   → ______________________________

2. **Compri** una macchina nuova?

   → ______________________________

3. Laura **arriva** alle 11.

   → ______________________________

4. **Prendiamo** il treno delle 9.

   → ______________________________

5. **Partite** con l'aereo?

   → ______________________________

6. Anna e Stella **restano** a casa.

   → ______________________________

04 질문에 답하시오.

1. A che ora **sei tornato**? ______________ a mezzanotte.
2. Con chi **sei venuto** a Milano? ______________ da solo.
3. Quando **hai comprato** questa macchina? ______________ una settimana fa.
4. Con chi **è partita** Claudia? ______________ con Lorenzo.
5. Quando **ha telefonato** Elena? ______________ poco fa.
6. A che ora **è arrivato** l'autobus? ______________ all'una.
7. Quando **avete cambiato** casa? ______________ l'anno scorso.
8. A che ora **siete uscite** di casa? ______________ alle 7.
9. Quando **avete finito** di lavorare? ______________ mezz'ora fa.
10. Dove **hanno passato** le vacanze i tuoi amici? ______________ in montagna.
11. Con che cosa **sono partiti** i ragazzi? ______________ con la macchina.
12. Quando **hanno telefonato** Anna e Stefano? ______________ ieri sera.

Capitolo 07

Con chi ci è andato Robert?

핵심 표현

- Con chi ci è andato Robert?
  로베르뜨는 누구와 거기에 갔어?
- Ma che cosa hai fatto stamattina?
  오늘 아침에 도대체 무엇을 했니?
- Scusa, ma che cosa è successo?
  미안한데, 무슨 일이야?
- Devo aiutarla?
  내가 도와줄까?

Foro Romano a Roma

포로 로마노

기본회화 ❶

전체듣기 Track 051
따라듣기 Track 052

Franca	Con chi ci è andato Robert?
Mario	Ci è andato con i suoi amici.
Franca	Con che cosa ci è andato Robert?
Mario	Ci è andato in treno.
Franca	Quanto tempo è stato in vacanza?
Mario	È stato sedici giorni.

해설

- 장소부사 ci는 활용된 동사 앞에 오면서 앞에 나온 장소를 받아 문장을 간결하게 하는 역할을 한다.
- con che cosa는 교통 수단을 의미한다.
- 교통수단
  - in aereo (비행기로)
  - in metro (전철로)
  - in bicicletta (자전거로)
  - in macchina (승용차로)
  - in moto (오토바이로)
  - in motorino (스쿠터로)
  - in nave (배로)
  - a piedi (걸어서)
  - in pullman (관광버스로, 노선버스로)
- 시간 표현
  - pochi minuti 몇 분
  - un'ora 한 시간
  - due ore 두 시간
  - una settimana 1주일
  - due settimane 2주일
  - un mese 한 달
  - due mesi 두 달
  - alcuni mesi 몇 달, 서너 달
  - un anno 일 년
  - due anni 2년
  - due giorni 이틀
  - alcuni giorni 며칠, 삼사일

본문 해석

프랑까	로베르뜨는 누구와 거기 갔어?
마리오	그의 친구들과 갔어.
프랑까	로베르뜨는 뭘 타고 거기 갔어?
마리오	기차로 갔어.
프랑까	그는 휴가지에서 얼마 동안 있었어?
마리오	16일 동안 있었어.

그림 보고 말하기

문형 연습

- 너는 베네치아에 누구와 갔었니? 혼자 갔었어?

1 그는 / 친구와
2 그녀는 / 동생과

- A: 로베르뜨는 무엇을 타고 거기 갔었니?
  B: 기차로.

1 Lucia / 비행기로
2 Lucia e Marco / 관광버스로

- A: 그는 휴가지에서 얼마 동안 있었니?
  B: 16일 동안 있었어.

1 그녀는 / 1주일
2 그들은(男+女) / 5일
3 너는(女) / 2주일

새단어

- con chi 누구와
- ci 거기에(장소 부사)
- i suoi amici 그의 친구들
- con che cosa 무엇으로(무엇을 타고)
- quanto 얼마나 많은(의문형용사)
- tempo 시간, 기간
- stato 있었다(stare의 과거분사)
- sedici 숫자 16
- giorni 일(日)(giorno의 복수)

기본회화 ❷

전체듣기 Track 053
따라듣기 Track 054

Ingrid　Ma che cosa hai fatto stamattina?

　Hai una faccia.

Robert　Sono stanco morto.

Ingrid　Non hai dormito bene stanotte?

Robert　Veramente non ho chiuso occhio tutta la notte.

해설

- ma che cosa~: ma는 '그러나'보다는 '도대체'로 해석해야 한다.
- che cosa hai fatto~?: 너 뭐했니?
- Hai una faccia: 직역하면 '넌 얼굴을 갖고 있다', 즉 '안색이 안 좋구나'.
- Sono stanco morto: 피곤해 죽겠다(죽을 만큼 피곤하다).
- stanotte : '오늘밤' 혹은 '지난밤'을 의미한다.
- veramente는 부사형인데 형용사 ver(o)+amente로 만들어진다.
- non ho chiuso occhio: '난 눈을 감지 못했다', 즉 우리말로는 '한숨도 못 잤다'이다.
- 근과거형(avere+과거분사)
  - studiare 공부하다 → avere studiato 공부를 했다
  - danzare 춤을 추다 → avere danzato 춤을 추었다
  - pulire 청소하다 → avere pulito 청소를 했다
  - lavorare 일하다 → avere lavorato 일을 했다
- 기타 시간 표현
  - tutto il giorno 하루 종일
  - tutta la mattina 오전 내내
  - tutta la sera 저녁 내내
  - tutti i giorni 매일
  - tutte le mattine 매일 오전
  - tutte le sere 매일 저녁

본문 해석

잉그리드　오늘 아침에 도대체 무엇을 했니? 안색이 안 좋구나!
로베르뜨　피곤해 죽겠어.
잉그리드　간밤에 잠을 잘 못 잤니?
로베르뜨　정말이지 밤새 눈을 붙이지 못했어.

그림 보고 말하기

문형 연습

- A: 무슨 일 있었니?
  B: 피곤해 죽겠어. 밤새 잠을 못 잤거든.

1 밤새 공부했거든(studiara tutta la notte)
2 저녁 내내 춤을 추었거든(danzare tutta la sera)
3 하루 종일 청소했거든(pulire tutto il giorno)
4 오전 내내 일했거든(lavorare tutta la mattina)

새단어

- ma 그런데, 그러나, 도대체
- fatto 했다(fare의 불규칙 과거분사)
- stamattina 오늘 아침(questa mattina)
- faccia 얼굴, 안색
- stanco 피곤한
- morto 죽은(morire의 불규칙 과거분사로서 형용사로 쓰임)
- dormito 잤다(dormire의 과거분사)
- stanotte 지난밤, 간밤, 오늘밤(questa notte)
- veramente 정말로
- chiuso 닫았다(chiudere의 불규칙 과거분사)
- occhio 눈
- tutta la notte 밤새

기본회화 ❸

전체듣기 Track 055
따라듣기 Track 056

Francia　Scusa, ma che cosa è successo?

Mario　C'è stato un incidente: una macchina è passata con il semaforo rosso ed è andata contro un autobus.

Francia　Peccato.

Mario　E sì. Brutta notizia!

해설

- che cosa è successo?: '무엇이 발생했니?', '무슨 일 있었니?'
- c'è stato~: '~이 있었다'의 의미로 ci è stato의 축약형이다.
- ed è : e(그리고)è였는데 모음끼리 충돌하여 발음이 불편해서 'd'를 삽입하여 부드럽게 소리내도록 하였다.
- è passata con il semaforo rosso: '빨간 신호등에도 지나갔다', 즉 '신호를 무시하다'
- è andata contro un autobus: '버스를 향해 갔다', 즉 '버스와 충돌했다'
- 이야기를 전개할 때 필요한 표현
  - prima, all'inizio 처음에는, 먼저
  - allora 그때(당시), 자 그렇다면, 그러면, 그래서, 그러니까
  - poi 후에, 뒤에, 다음으로
  - dopo un po' 잠시 후
  - E così 그래서, 그렇게 해서
  - alla fine 결국

본문 해석

프란치아　미안한데, 무슨 일이야?
마리오　사고가 났어. 승용차 한 대가 신호를 무시하고 달리다가 버스와 충돌했어.
프란치아　그거 안됐구나.
마리오　그래 맞아. 안 좋은 소식이야.

그림 보고 말하기

문형 연습

- 사고가 났어. **승용차 한 대**가 신호를 무시하고 달렸어.

  1 버스 한 대(un autobus)
  2 오토바이 한 대(una moto)
  3 트럭 한 대(un camion)
  4 관광버스 한 대(un Pullman)

- **자 그럼**, 버스를 타자!

  1 잠시 후
  2 먼저

새단어

- successo 발생했다(succedere의 과거분사)
- incidente 사건, 사고
- macchina 자동차, 승용차
- è passata 지나갔다, 진행했다(passare의 과거분사)
- semaforo 신호등
- ed 그리고
- contro ~방향으로, ~와 정면으로
- peccato 유감이다
- brutta notizia 안 좋은 소식

기본회화 ❹

전체듣기 Track 057
따라듣기 Track 058

Mario	Ingrid, dove vai con questa pioggia? Vuoi un passaggio?
Ingrid	Grazie, non fa niente. Sono quasi arrivata.
Mario	Ingrid, quanta roba hai comprato!
	Devo aiutarti? Posso portare io una borsa?
Ingrid	Magari! Sei molto gentile. Sono così pesanti!

해설

- Vuoi un passaggio?: 동행을 원하니?, 데려다 줄까?
- non fa niente: '아무것도 하지 못한다'인데, 여기서는 '아무것도 아니야' 혹은 '괜찮아'로 보면 된다.
- 직설법 현재 불규칙 활용 동사

	andare(가다)	volere(원하다)	fare(하다)
(io)	vado	voglio	faccio
(tu)	vai	vuoi	fai
(lui)	va	vuole	fa
(noi)	andiamo	vogliamo	facciamo
(voi)	andate	volete	fate
(loro)	vanno	vogliono	fanno

- Devo aiutarti?: '내가 너를 도와줘야 해?' 즉, '내가 도와줄까?'
  동사원형 aiutare에 대명사가 붙을 경우 어미 e를 생략해야 한다.
- Posso portare io una borsa?: posso 다음에 동사원형 portare가 와야 한다.
- (una borsa e tanta roba) sono così pesanti에서 주어가 복수이므로 형용사 pesante가 pesanti로 바뀌어 성 · 수를 일치시킨다.

본문 해석

마리오	잉그리드, 이렇게 비가 오는데 너 어디를 가니? 데려다 줄까?
잉그리드	고맙지만 괜찮아. 거의 다 왔어.
마리오	잉그리드, 물건을 많이 샀구나! 내가 도와줄까? 가방 하나 들어 줘도 될까?
잉그리드	그래 주면 좋겠어! 너는 정말 친절하구나. 워낙에 무거워서!

그림 보고 말하기

문형 연습

• A: 데려다 줄까?
B: 고맙지만 괜찮아.

1 고마워.
2 정말 고마워.
3 그래 주면 좋겠는데.

• A: 가방 하나 들어드려도 될까요?
B: 그래 주시면 좋겠네요!

1 고맙습니다.
2 괜찮습니다.
3 별거 아닙니다.

새단어

- con questa pioggia 이런 비와 함께, 즉 이렇게 비가 오는데
- passaggio 동행
- non fa niente 아무것도 아니다, 괜찮다
- quasi 거의
- roba 물건
- comprato 샀다(comprare의 과거분사)
- portare 운반하다, 가지고 가다
- magari 그래 주면 좋을텐데
- gentile 친절한
- così 그처럼, 그렇게(여기서는 '매우')
- pesanti 무거운(pesante의 복수)

01 직설법 근과거 2

avere의 현재+타동사의 과거분사
essere의 현재+자동사의 과거분사 (단, 주어의 성 · 수에 따라 과거분사 어미 일치)

과거분사(규칙형)

~are 동사 → ~ato
~ere 동사 → ~uto
~ire 동사 → ~ito

(io)	ho	lavorato 일했다
(tu)	hai	
(lui, lei)	ha	
(noi)	abbiamo	
(voi)	avete	
(loro)	hanno	
(io)	sono	andato/a 갔다
(tu)	sei	
(lui, lei)	è	
(noi)	siamo	andati/e 갔다
(voi)	siete	
(loro)	sono	

과거분사(불규칙)

- □ accendere(켜다) → acceso
- □ chiudere(닫다) → chiuso
- □ perdere(잃어버리다) → perso
- □ prendere(먹다, 마시다, 타다) → preso
- □ spendere(소비하다, 쓰다) → speso
- □ mettere(두다, 맡기다) → messo
- □ correggere(수정하다) → corretto
- □ dire(말하다) → detto
- □ aprire(열다) → aperto
- □ fare(하다) → fatto
- □ leggere(읽다) → letto
- □ scrivere(쓰다) → scritto
- □ chiedere(묻다) → chiesto
- □ rimanere(남다, 머물다) → rimasto
- □ rispondere(대답하다, 답장하다) → risposto
- □ vedere(보다) → visto
- □ spegnere(끄다) → spento

* 불규칙 과거분사는 주로 -ere 동사에 많다.

02 명사와 형용사의 단수 · 복수 어미

	단수(s.)	복수(pl.)
남성(m.)	-o -e	-i -i
여성(f.)	-a -e	-e -i

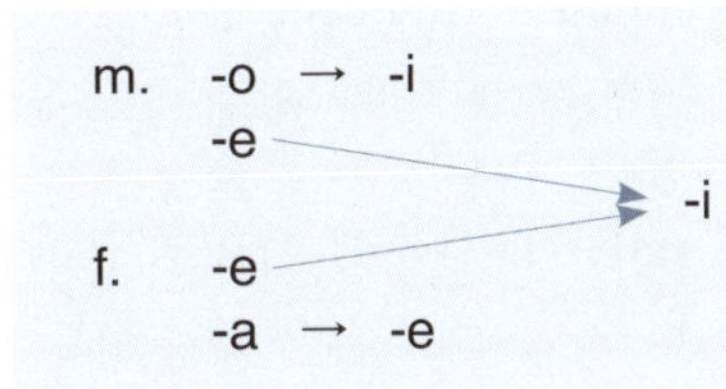

위의 규칙을 아래와 같은 도식으로 단순 공식화할 수 있다.

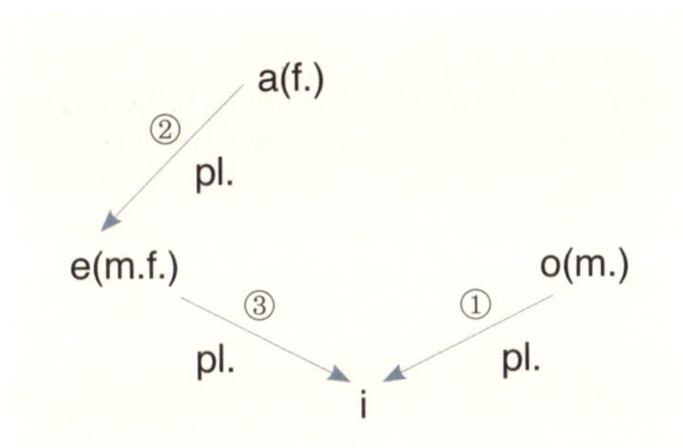

① 남성 단수 어미 '-o'가 복수이면 '-i'
② 여성 단수 어미 '-a'가 복수이면 '-e'
③ 어미가 '-e'인 남성 명사와 여성 명사가 복수이면 '-i'
이 도식은 명사뿐만 아니라 형용사에도 적용된다.

물론 예외도 있다.

- □ il problema → i problemi 문제
- □ il sistema → i sistemi 시스템, 체계
- □ il tema → i temi 테마, 주제
- □ il pigiama → i pigiami 파자마
- □ il/la dentista → i/le dentisti/e 치과의사
- □ il/la giornalista → i/le giornalisti/e 신문기자

01 〈보기〉와 같이 바꾸시오.

보기

Oggi **studio** fino alle sette. (ieri) → Ieri, invece, **ho studiato** fino alle otto.
오늘 나는 7시까지 공부한다. 반면, 어제는 8시까지 공부했다.

1. Oggi **scrivo** un'e-mail a Luisa. (due giorni fa)

→ ______

2. Oggi Claudia **finisce** di lavorare alle 20. (sabato scorso)

→ ______

3. Oggi ragazzi **passano** tutto il giorno a casa. (domenica scorsa)

→ ______

4. Stamattina Stefano **dorme** fino a tardi. (ieri mattina)

→ ______

02 〈보기〉와 같이 바꾸시오.

보기

Michele **va** sempre in vacanza al mare. (l'anno scorso) 미켈레는 늘 바다로 휴가 간다.
→ Anche l'anno scorso **è andato** in vacanza al mare. 작년에도 그는 바다로 휴가 갔다.

1. Ida e Franco **rimangono** sempre a casa la sera. (ieri sera)

→ ______

2. A Firenze **arrivano** sempre molti turisti. (l'estate scorsa)

→ ______

3. Dopo la lezione **vado** sempre a fare un giro in centro. (l'altro ieri)

→ ______

4. Maria **esce** sempre con le sue amiche dopo cena. (ieri sera)

→ ______

03 동사를 근과거로 바꾸시오.

1. Ieri Matteo (**finire**) __________ di cenare e poi (**accendere**) __________ la TV per guardare il telegiornale.
2. Stamattina (io-**arrivare**) __________ tardi alla stazione e (**perdere**) __________ il treno.
3. Qualche giorno fa i miei amici (**andare**) __________ all'agenzia di viaggi e (prenotare) __________ un viaggio in Egitto.
4. Alla fermata dell'autobus (noi-**incontrare**) __________ Antonio, (noi-**parlare**) __________ del più e del meno, poi lui (**salire**) __________ sul 22 e noi (**prendere**) __________ il 39.
5. Ieri Valeria (**rimanere**) __________ tutto il pomeriggio a casa, (**ascoltare**) __________ la musica e (**scrivere**) __________ una lettera a un ragazzo che (**conoscere**) __________ durante le vacanze.
6. Lorenzo, quando (**tornare**) __________ dalle vacanze? - Una settimana fa.
7. Domenica scorsa Sergio e io (**fare**) __________ una gita in campagna, (**passare**) __________ tutta la giornata in mezzo al verde, (**pranzare**) __________ al sacco e (**tornare**) __________ verso le 19.
8. Ragazzi, quando (**partire**) __________ da Milano?-Circa due ore fa.
9. Professore, (**prendere**) __________ già il caffè?
10. Oggi non (io-**leggere**) __________ ancora il giornale perché non (**avere**) __________ tempo.
11. Signorina, (**arrivare**) __________ tardi stamattina. Come mai? –Mi dispiace, ma stanotte non (**stare**) __________ bene e allora stamattina (**andare**) __________ dal dottore.
12. Ieri sera Aldo (**cominciare**) __________ a leggere un libro giallo.

Capitolo 08

Che tempo farà domani?

핵심 표현

· Che progetti hai?
너는 어떤 계획을 갖고 있니?

· Che tempo farà domani?
내일 날씨가 어떨까?

· Quando tornerai nel tuo paese?
너의 나라로 언제 돌아갈 거니?

· Vorrei un biglietto per Napoli, per favore!
나폴리행 기차표 한 장 주세요!

Colosseo a Roma

콜로세움

기본회화 ❶

전체듣기 Track 059
따라듣기 Track 060

Silvia	Che progetti hai, Mario?
Mario	Partirò per la Francia.
Silvia	Che cosa farai in Francia?
Mario	Imparerò il francese.

해설

- Che progetti: 어떤 계획들
- partirò: partire(떠나다, 출발하다)의 미래 1인칭 단수 활용
- per: ~를 향하여(전치사)
- la Francia: 국가명의 첫 글자는 대문자로 쓴다.
- farai: fare(~하다)의 미래 2인칭 단수 활용
- imparerò: imparare(배우다)의 미래 1인칭 단수 활용
- 미래 규칙 활용

	-are	-ere	-ire
(io)	telefonerò	leggerò	partirò
(tu)	telefonerai	leggerai	partirai
(lui, lei)	telefonerà	leggerà	partirà
(noi)	telefoneremo	leggeremo	partiremo
(voi)	telefonerete	leggerete	partirete
(loro)	telefoneranno	leggeranno	partiranno

* -are와 -ere의 활용 어미가 같다.

본문 해석

씰비아	마리오, 너는 어떤 계획이 있니?
마리오	프랑스로 떠날 거야.
씰비아	프랑스에서 뭘 할 건데?
마리오	프랑스어를 배울 거야.

그림 보고 말하기

문형 연습

- A: 넌 어떤 계획을 갖고 있니?
  B: 나는 프랑스로 떠날 거야.

  1 이탈리아어를 배울 거야(imparare l'italiano)
  2 서울로 갈 거야(andare a Seoul)
  3 가게 하나를 열 거야(aprire un negozio)
  4 몇 달 동안 일할 거야(lavorare per qualche mese)
  5 유럽을 여행할 거야(fare un giro per l'Europa)
  6 일자리를 찾을 거야(cercare un lavoro)
  7 새 집 한 채를 살 거야(comprare una nuova casa)
  8 월세 집을 얻을 거야(prendere una casa in affitto)
  9 책을 많이 읽을 거야(leggere molti libri)
  10 은행에 많이 예금할 거야(mettere molti soldi in banca)

* andare : andrò, andrai, andrà, andremo, andrete, andranno
* fare : farò, farai, farà, faremo, farete, faranno

새단어

- □ progetti 계획들
- □ partirò 나는 떠날 것이다(partire의 미래 1인칭 단수)
- □ farai 너는 할 것이다(fare의 미래 2인칭 단수)
- □ imparerò 나는 배울 것이다(imparare의 미래 1인칭 단수)

기본회화 ❷

전체듣기 Track 061
따라듣기 Track 062

Daniel	Che tempo farà domani?
Franca	Farà bel tempo.
Daniel	Vieni con me in campagna?
Franca	Mi dispiace, incontrerò un vecchio amico domani.

해설

- Che tempo farà domani?(내일 날씨는 어떨까?): 날씨는 3인칭 단수이므로 farà로 활용한다. 날씨를 묻는 다른 표현으로는 Come sarà il tempo?가 있다.
- 일기예보와 관련된 어휘
  - 맑음 sereno
  - 다소 구름 poco nuvoloso
  - 구름 nuvoloso
  - 구름이 많이 낌 molto nuvoloso
  - 눈 neve
  - 비 pioggia
  - 기온 상승 temperature in aumento
  - 기온 하강 temperature in diminuzione
  - 잔잔한 바다 mare calmo
  - 약간의 파도 mare mosso
  - 높은 파도 mare molto mosso
  - 거친 파도 mare agitato
- fare, essere의 미래 불규칙 활용

	fare	essere
(io)	farò	sarò
(tu)	farai	sarai
(lui, lei)	farà	sarà
(noi)	faremo	saremo
(voi)	farete	sarete
(loro)	faranno	saranno

본문 해석

다니엘	내일 날씨가 어떨까?
프랑까	날씨가 좋을 거야.
다니엘	나와 시골에 갈래?
프랑까	미안해, 내일 옛 친구를 만날 거야.

착! 붙는 이탈리아어 독학 첫걸음

동사 변화표

랭기지플러스

Monthly Plan

MEMO	SUN	MON	TU

ED	THU	FRI	SAT

• essere (~이다, ~에 있다)

인칭	직설법			
	현재	근과거	불완료 과거	대과거
io	sono	sono stato/a	ero	ero stato/a
tu	sei	sei stato/a	eri	eri stato/a
lui	è	è stato/a	era	era stato/a
noi	siamo	siamo stati/e	eravamo	eravamo stati/e
voi	siete	siete stati/e	eravate	eravate stati/e
loro	sono	sono stati/e	erano	erano stati/e

인칭	직설법			
	원과거	선립과거	미래	미래완료
io	fui	fui stato/a	sarò	sarò stato/a
tu	fosti	fosti stato/a	sarai	sarai stato/a
lui	fu	fu stato/a	sarà	sarà stato/a
noi	fummo	fummo stati/e	saremo	saremo stati/e
voi	foste	foste stati/e	sarete	sarete stati/e
loro	furono	furono stati/e	saranno	saranno stati/e

인칭	접속법			
	현재	과거	불완료 과거	대과거
io	sia	sia stato/a	fossi	fossi stato/a
tu	sia	sia stato/a	fossi	fossi stato/a
lui	sia	sia stato/a	fosse	fosse stato/a
noi	siamo	siamo stati/e	fossimo	fossimo stati/e
voi	siate	siate stati/e	foste	foste stati/e
loro	siano	siano stati/e	fossero	fossero stati/e

인칭	조건법		명령법	부정법
	현재	과거	현재	
io	sarei	sarei stato/a	-	부정사 현재 essere 과거 essere stato/a 분사 현재 – 과거 stato 제룬디오 현재 essendo 과거 essendo stato/a
tu	saresti	saresti stato/a	sii	
lui	sarebbe	sarebbe stato/a	sia	
noi	saremmo	saremmo stati/e	siamo	
voi	sareste	sareste stati/e	siate	
loro	sarebbero	sarebbero stati/e	siano	

• avere (가지다)

인칭	직설법			
	현재	근과거	불완료 과거	대과거
io	ho	ho avuto	avevo	avevo avuto
tu	hai	hai avuto	avevi	avevi avuto
lui	ha	ha avuto	aveva	aveva avuto
noi	abbiamo	abbiamo avuto	avevamo	avevamo avuto
voi	avete	avete avuto	avevate	avevate avuto
loro	hanno	hanno avuto	avevano	avevano avuto

인칭	직설법			
	원과거	선립과거	미래	미래완료
io	ebbi	ebbi avuto	avrò	avrò avuto
tu	avesti	avesti avuto	avrai	avrai avuto
lui	ebbe	ebbe avuto	avrà	avrà avuto
noi	avemmo	avemmo avuto	avremo	avremo avuto
voi	aveste	aveste avuto	avrete	avrete avuto
loro	ebbero	ebbero avuto	avranno	avranno avuto

인칭	접속법			
	현재	과거	불완료 과거	대과거
io	abbia	abbia avuto	avessi	avessi avuto
tu	abbia	abbia avuto	avessi	avessi avuto
lui	abbia	abbia avuto	avesse	avesse avuto
noi	abbiamo	abbiamo avuto	avessimo	avessimo avuto
voi	abbiate	abbiate avuto	aveste	aveste avuto
loro	abbiano	abbiano avuto	avessero	avessero avuto

인칭	조건법		명령법	부정법
	현재	과거	현재	
io	avrei	avrei avuto	-	부정사 현재 avere 과거 avere avuto 분사 현재 avente 과거 avuto 제룬디오 현재 avendo 과거 avendo avuto
tu	avresti	avresti avuto	abbi	
lui	avrebbe	avrebbe avuto	abbia	
noi	avremmo	avremmo avuto	abbiamo	
voi	avreste	avreste avuto	abbiate	
loro	avrebbero	avrebbero avuto	abbiano	

불규칙 동사 변화

andare (가다)
현재분사 andante
과거분사 andato
제룬디오 andando

인칭	직설법			
	현재	불완료 과거	원과거	미래
io	vado	andavo	andai	andrò
tu	vai	andavi	andasti	andrai
lui	va	andava	andò	andrà
noi	andiamo	andavamo	andammo	andremo
voi	andate	andavate	andaste	andrete
loro	vanno	andavano	andarono	andranno

인칭	명령법	접속법		조건법
	현재	현재	불완료과거	현재
io	-	vada	andassi	andrei
tu	va, va', vai	vada	andassi	andresti
lui	vada	vada	andasse	andrebbe
noi	andiamo	andiamo	andassimo	andremmo
voi	andate	andiate	andaste	andreste
loro	vadano	vadano	andassero	andrebbero

bere (마시다)
현재분사 bevente
과거분사 bevuto
제룬디오 bevendo

인칭	직설법			
	현재	불완료 과거	원과거	미래
io	bevo	bevevo	bevvi	berrò
tu	bevi	bevevi	bevesti	berrai
lui	beve	beveva	bevve	berrà
noi	beviamo	bevevamo	bevemmo	berremo
voi	bevete	bevevate	beveste	berrete
loro	bevono	bevevano	bevvero	berranno

인칭	명령법	접속법		조건법
	현재	현재	불완료과거	현재
io	-	beva	bevessi	berrei
tu	bevi	beva	bevessi	berresti
lui	beva	beva	bevesse	berrebbe
noi	beviamo	beviamo	bevessimo	berremmo
voi	bevete	beviate	beveste	berreste
loro	bevano	bevano	bevessero	berrebbero

chiedere (묻다)
현재분사 chiedente
과거분사 chiesto
제룬디오 chiedendo

인칭	직설법			
	현재	불완료 과거	원과거	미래
io	chiedo	chiedevo	chiesi	chiederò
tu	chiedi	chiedevi	chiedesti	chiederai
lui	chiede	chiedeva	chiese	chiederà
noi	chiediamo	chiedevamo	chiedemmo	chiederemo
voi	chiedete	chiedevate	chiedeste	chiederete
loro	chiedono	chiedevano	chiesero	chiederanno

인칭	명령법	접속법		조건법
	현재	현재	불완료과거	현재
io	-	chieda	chiedessi	chiederei
tu	chiedi	chieda	chiedessi	chiederesti
lui	chieda	chieda	chiedesse	chiederebbe
noi	chiediamo	chiediamo	chiedessimo	chiederemmo
voi	chiedete	chiediate	chiedeste	chiedereste
loro	chiedano	chiedano	chiedessero	chiederebbero

chiudere (닫다)
현재분사 chiudente
과거분사 chiuso
제룬디오 chiudendo

인칭	직설법			
	현재	불완료 과거	원과거	미래
io	chiedo	chiedevo	chiusi	chiuderò
tu	chiedi	chiedevi	chiudesti	chiuderai
lui	chiede	chiedeva	chiuse	chiuderà
noi	chiediamo	chiedevamo	chiudemmo	chiuderemo
voi	chiedete	chiedevate	chiudeste	chiuderete
loro	chiedono	chiedevano	chiusero	chiuderanno

인칭	명령법	접속법		조건법
	현재	현재	불완료과거	현재
io	-	chiuda	chiudessi	chiuderei
tu	chiudi	chiuda	chiudessi	chiuderesti
lui	chiuda	chiuda	chiudesse	chiuderebbe
noi	chiudiamo	chiudiamo	chiudessimo	chiuderemmo
voi	chiudete	chiudiate	chiudeste	chiudereste
loro	chiudano	chiudano	chiudessero	chiuderebbero

conoscere (인식하다)
현재분사 cononscente
과거분사 conosciuto
제룬디오 conoscendo

인칭	직설법			
	현재	불완료 과거	원과거	미래
io	conosco	conoscevo	conobbi	conoscerò
tu	conosci	conoscevi	conoscesti	conoscerai
lui	conosce	conosceva	conobbe	conoscerà
noi	conosciamo	conoscevamo	conoscemmo	conosceremo
voi	conoscete	conoscevate	conosceste	conoscerete
loro	conoscono	conoscevano	conobbero	conosceranno

인칭	명령법	접속법		조건법
	현재	현재	불완료과거	현재
io	-	conosca	conoscessi	conoscerei
tu	conosci	conosca	conoscessi	conosceresti
lui	conosca	conosca	conoscesse	conoscerebbe
noi	conosciamo	conosciamo	conoscessimo	conosceremmo
voi	conoscete	consociate	conosceste	conoscereste
loro	conoscano	conoscano	conoscessero	conoscerebbero

correre (달리다)
현재분사 corrente
과거분사 corso
제룬디오 correndo

인칭	직설법			
	현재	불완료 과거	원과거	미래
io	corro	correvo	corsi	correrò
tu	corri	correvi	corresti	correrai
lui	corre	correva	corse	correrà
noi	corriamo	correvamo	corremmo	correremo
voi	correte	correvate	correste	correrete
loro	corrono	correvano	corsero	correranno

인칭	명령법	접속법		조건법
	현재	현재	불완료과거	현재
io	-	corra	corressi	correrei
tu	corri	corra	corressi	correresti
lui	corra	corra	corresse	correrebbe
noi	corriamo	corriamo	corressimo	correremmo
voi	correte	corriate	correste	correreste
loro	corrano	corrano	corressero	correrebbero

crescere (성장하다)
현재분사 crescente
과거분사 cresciuto
제룬디오 crescendo

인칭	직설법			
	현재	불완료 과거	원과거	미래
io	cresco	crescevo	crebbi	crescerò
tu	cresci	crescevi	crescesti	crescerai
lui	cresce	cresceva	crebbe	crescerà
noi	cresciamo	crescevamo	crescemmo	cresceremo
voi	crescete	crescevate	cresceste	crescerete
loro	crescono	crescevano	crebbero	cresceranno

인칭	명령법	접속법		조건법
	현재	현재	불완료과거	현재
io	-	cresca	crescessi	crescerei
tu	cresci	cresca	crescessi	cresceresti
lui	cresca	cresca	crescesse	crescerebbe
noi	cresciamo	cresciamo	crescessimo	cresceremmo
voi	crescete	cresciate	cresceste	crescereste
loro	crescano	crescano	crescessero	crescerebbero

cuocere (익히다)
현재분사 cocente
과거분사 cotto
제룬디오 cocendo

인칭	직설법			
	현재	불완료 과거	원과거	미래
io	cuocio	cocevo	cossi	cocerò
tu	cuoci	cocevi	cocesti	cocerai
lui	cuoce	coceva	cosse	cocerà
noi	cociamo	cocevamo	cocemmo	coceremo
voi	cocete	cocevate	coceste	cocerete
loro	cuociono	cocevano	cossero	coceranno

인칭	명령법	접속법		조건법
	현재	현재	불완료과거	현재
io	-	cuocia	cocessi	cocerei
tu	cuoci	cuocia	cocessi	coceresti
lui	cuocia	cuocia	cocesse	cocerebbe
noi	cociamo	cociamo	cocessimo	coceremmo
voi	cocete	cociate	coceste	cocereste
loro	cuociano	cuociano	cocessero	cocerebbero

dare (주다)
현재분사 dante
과거분사 dato
제룬디오 dando

인칭	직설법			
	현재	불완료 과거	원과거	미래
io	do	davo	diedi	darò
tu	dai	davi	desti	darai
lui	dà	dava	diede	darà
noi	diamo	davamo	demmo	daremo
voi	date	davate	deste	darete
loro	danno	davano	diedero	daranno

인칭	명령법	접속법		조건법
	현재	현재	불완료과거	현재
io	-	dia	dessi	darei
tu	da', dai	dia	dessi	daresti
lui	dia	dia	desse	darebbe
noi	diamo	diamo	dessimo	daremmo
voi	date	diate	deste	dareste
loro	diano	diano	dessero	darebbero

decidere (결정하다)
현재분사 decidente
과거분사 deciso
제룬디오 decidendo

인칭	직설법			
	현재	불완료 과거	원과거	미래
io	decido	decidevo	decisi	deciderò
tu	decidi	decidevi	decidesti	deciderai
lui	decide	decideva	decise	deciderà
noi	decidiamo	decidevamo	decidemmo	decideremo
voi	decidete	decidevate	decideste	deciderete
loro	decidono	decidevano	decisero	decideranno

인칭	명령법	접속법		조건법
	현재	현재	불완료과거	현재
io	-	decida	decidessi	deciderei
tu	decidi	decida	decidessi	decideresti
lui	decida	decida	decidesse	deciderebbe
noi	decidiamo	decidiamo	decidessimo	decideremmo
voi	decidete	decidiate	decideste	decidereste
loro	decidano	decidano	decidessero	deciderebbero

difendere (방어하다)
현재분사 difendente
과거분사 difeso
제룬디오 difendendo

인칭	직설법			
	현재	불완료 과거	원과거	미래
io	difendo	difendevo	difesi	difenderò
tu	difendi	difendevi	difendesti	difenderai
lui	difende	difendeva	difese	difenderà
noi	difendiamo	difendevamo	difendemmo	difenderemo
voi	difendete	difendevate	difendeste	difenderete
loro	difendono	difendevano	difesero	difenderanno

인칭	명령법	접속법		조건법
	현재	현재	불완료과거	현재
io	-	difenda	difendessi	difenderei
tu	difendi	difenda	difendessi	difenderesti
lui	difenda	difenda	difendesse	difenderebbe
noi	difendiamo	difendiamo	difendessimo	difenderemmo
voi	difendete	defendiate	difendeste	difendereste
loro	difendano	difendano	difendessero	difenderebbero

dipingere (그림 그리다)
현재분사 dipingente
과거분사 dipinto
제룬디오 dipingendo

인칭	직설법			
	현재	불완료 과거	원과거	미래
io	dipingo	dipingevo	dipinsi	dipingerò
tu	dipingi	dipingevi	dipingesti	dipingerai
lui	dipinge	dipingeva	dipinse	dipingerà
noi	dipingiamo	dipingevamo	dipingemmo	dipingeremo
voi	dipingete	dipingevate	dipingeste	dipingerete
loro	dipingono	dipingevano	dipinsero	dipingeranno

인칭	명령법	접속법		조건법
	현재	현재	불완료과거	현재
io	-	dipinga	dipingessi	dipingerei
tu	dipingi	dipinga	dipingessi	dipingeresti
lui	dipinga	dipinga	dipingesse	dipingerebbe
noi	dipingiamo	dipingiamo	dipingessimo	dipingeremmo
voi	dipingete	dipingiate	dipingeste	dipingereste
loro	dipingano	dipingano	dipingessero	dipingerebbero

dire (말하다)
현재분사 dicente
과거분사 detto
제룬디오 dicendo

인칭	직설법			
	현재	불완료 과거	원과거	미래
io	dico	dicevo	dissi	dirò
tu	dici	dicevi	dicesti	dirai
lui	dice	diceva	disse	dirà
noi	diciamo	dicevamo	dicemmo	diremo
voi	dite	dicevate	diceste	direte
loro	dicono	dicevano	dissero	diranno

인칭	명령법	접속법		조건법
	현재	현재	불완료과거	현재
io	-	dica	dicessi	direi
tu	di'	dica	dicessi	diresti
lui	dica	dica	dicesse	direbbe
noi	diciamo	diciamo	dicessimo	diremmo
voi	dite	diciate	diceste	direste
loro	dicano	dicano	dicessero	direbbero

dirigere (향하다)
현재분사 dirigente
과거분사 diretto
제룬디오 dirigendo

인칭	직설법			
	현재	불완료 과거	원과거	미래
io	dirigo	dirigevo	diressi	dirigerò
tu	dirigi	dirigevi	dirigesti	dirigerai
lui	dirige	dirigeva	diresse	dirigerà
noi	dirigiamo	dirigevamo	dirigemmo	dirigeremo
voi	dirigete	dirigevate	dirigeste	dirigerete
loro	dirigono	dirigevano	diressero	dirigeranno

인칭	명령법	접속법		조건법
	현재	현재	불완료과거	현재
io	-	diriga	dirigessi	dirigerei
tu	dirigi	diriga	dirigessi	dirigeresti
lui	diriga	diriga	dirigesse	dirigerebbe
noi	dirigiamo	dirigiamo	dirigessimo	dirigeremmo
voi	dirigete	dirigiate	dirigeste	dirigereste
loro	dirigano	dirigano	dirigessero	dirigerebbero

discutere (의논하다)
현재분사 discutente
과거분사 discusso
제룬디오 discutendo

인칭	직설법			
	현재	불완료 과거	원과거	미래
io	discuto	discutevo	discussi	discuterò
tu	discuti	discutevi	discutesti	discuterai
lui	discute	discuteva	discusse	discuterà
noi	discutiamo	discutevamo	discutemmo	discuteremo
voi	discutete	discutevate	discuteste	discuterete
loro	discutono	discutevano	discussero	discuteranno

인칭	명령법	접속법		조건법
	현재	현재	불완료과거	현재
io	-	discuta	discutessi	duscuterei
tu	discuti	discuta	discutessi	duscuteresti
lui	discuta	discuta	discutesse	duscuterebbe
noi	discutiamo	discutiamo	discutessimo	discuteremmo
voi	discutete	discutiate	discuteste	discutereste
loro	discutano	discutano	discutessero	duscuterebbero

dividere (나누다)
현재분사 dividente
과거분사 diviso
제룬디오 dividendo

인칭	직설법			
	현재	불완료 과거	원과거	미래
io	divido	dividevo	divisi	dividerò
tu	dividi	dividevi	dividesti	dividerai
lui	divide	divideva	divise	dividerà
noi	dividiamo	dividevamo	dividemmo	divideremo
voi	dividete	dividevate	divideste	dividerete
loro	dividono	dividevano	divisero	divideranno

인칭	명령법	접속법		조건법
	현재	현재	불완료과거	현재
io	-	divida	dividessi	dividerei
tu	dividi	divida	dividessi	divideresti
lui	divida	divida	dividesse	dividerebbe
noi	dividiamo	dividiamo	dividessimo	divideremmo
voi	dividete	dividiate	divideste	dividereste
loro	dividano	dividano	dividessero	dividerebbero

dovere (해야 하다)
현재분사 dovente
과거분사 dovuto
제룬디오 dovendo

인칭	직설법			
	현재	불완료 과거	원과거	미래
io	devo	dovevo	dovetti(dovei)	dovrò
tu	devi	dovevi	dovesti	dovrai
lui	deve	doveva	dovette(dovè)	dovrà
noi	dobbiamo	dovevamo	dovemmo	dovremo
voi	dovete	dovevate	doveste	dovrete
loro	devono	dovevano	dovettero (doverono)	dovranno

인칭	명령법	접속법		조건법
	현재	현재	불완료과거	현재
io	-	deva(debba)	dovessi	dovrei
tu	-	deva(debba)	dovessi	dovresti
lui	-	deva(debba)	dovesse	dovrebbe
noi	-	dobbiamo	dovessimo	dovremmo
voi	-	dobbiate	doveste	dovreste
loro	-	devano (debbano)	dovessero	dovrebbero

fare (하다)
현재분사 facente
과거분사 fatto
제룬디오 facendo

인칭	직설법			
	현재	불완료 과거	원과거	미래
io	faccio	facevo	feci	farò
tu	fai	facevi	facesti	farai
lui	fa	faceva	fece	farà
noi	facciamo	facevamo	facemmo	faremo
voi	fate	facevate	faceste	farete
loro	fanno	facevano	fecero	faranno

인칭	명령법	접속법		조건법
	현재	현재	불완료과거	현재
io	-	faccia	facessi	farei
tu	fa', fai	faccia	facessi	faresti
lui	faccia	faccia	facesse	farebbe
noi	facciamo	facciamo	facessimo	faremmo
voi	fate	facciate	faceste	fareste
loro	facciano	facciano	facessero	farebbero

giungere (당도하다)
현재분사 giungente
과거분사 giunto
제룬디오 giungendo

인칭	직설법			
	현재	불완료 과거	원과거	미래
io	giungo	giungevo	giunsi	giungerò
tu	giungi	giungevi	giungesti	giungerai
lui	giunge	giungeva	giunse	giungerà
noi	giungiamo	giungevamo	giungemmo	giungeremo
voi	giungete	giungevate	giungeste	giungerete
loro	giungono	giungevano	giunsero	giungeranno

인칭	명령법	접속법		조건법
	현재	현재	불완료과거	현재
io	-	giunga	giungessi	giungerei
tu	giungi	giunga	giungessi	giungeresti
lui	giunga	giunga	giungesse	giungerebbe
noi	giungiamo	giungiamo	giungessimo	giungeremmo
voi	giungete	giungiate	giungeste	giungereste
loro	giungano	giungano	giungessero	giungerebbero

leggere (읽다)
현재분사 leggente
과거분사 letto
제룬디오 leggendo

인칭	직설법			
	현재	불완료 과거	원과거	미래
io	leggo	leggevo	lessi	leggerò
tu	leggi	leggevi	leggesti	leggerai
lui	legge	leggeva	lesse	leggerà
noi	leggiamo	leggevamo	leggemmo	leggeremo
voi	leggete	leggevate	leggeste	leggerete
loro	leggono	leggevano	lessero	leggeranno

인칭	명령법	접속법		조건법
	현재	현재	불완료과거	현재
io	-	legga	leggessi	leggerei
tu	leggi	legga	leggessi	leggeresti
lui	legga	legga	leggesse	leggerebbe
noi	leggiamo	leggiamo	leggessimo	leggeremmo
voi	leggete	leggiate	leggeste	leggereste
loro	leggano	leggano	leggessero	leggerebbero

mettere (놓다, 두다)
현재분사 mettente

과거분사 messo

제룬디오 mettendo

인칭	직설법			
	현재	불완료 과거	원과거	미래
io	metto	mettevo	misi	metterò
tu	metti	mettevi	mettesti	metterai
lui	mette	metteva	mise	metterà
noi	mettiamo	mettevamo	mettemmo	metteremo
voi	mettete	mettevate	metteste	metterete
loro	mettono	mettevano	misero	metteranno

인칭	명령법	접속법		조건법
	현재	현재	불완료과거	현재
io	-	metta	mettessi	metterei
tu	metti	metta	mettessi	metteresti
lui	metta	metta	mettesse	metterebbe
noi	mettiamo	mettiamo	mettessimo	metteremmo
voi	mettete	mettiate	metteste	mettereste
loro	mettano	mettano	mettessero	metterebbero

morire (죽다)
현재분사 morente
과거분사 morto
제룬디오 morendo

인칭	직설법			
	현재	불완료 과거	원과거	미래
io	muoio	morivo	morii	morirò(morrò)
tu	muori	morivi	moristi	morirai(morrai)
lui	muore	moriva	morì	morirà(morrà)
noi	moriamo	morivamo	morimmo	moriremo (morremo)
voi	morite	morivate	moriste	morirete (morrete)
loro	muoiono	morivano	morirono	moriranno (morranno)

인칭	명령법	접속법		조건법
	현재	현재	불완료과거	현재
io	-	muoia	morissi	morirei(morrei)
tu	muori	muoia	morissi	moriresti (morresti)
lui	muoia	muoia	morisse	morirebbe (morrebbe)
noi	moriamo	moriamo	morissimo	moriremmo (morremmo)
voi	morite	moriate	moriste	morireste (morreste)
loro	muoiano	muoiano	morissero	morirebbero (morrebbero)

muovere (움직이다)
현재분사 movente
과거분사 mosso
제룬디오 movendo

인칭	직설법			
	현재	불완료 과거	원과거	미래
io	muovo	movevo	mossi	moverò
tu	muovi	movevi	movesti	moverai
lui	muove	moveva	mosse	moverà
noi	moviamo	movevamo	movemmo	moveremo
voi	movete	movevate	moveste	moverete
loro	muovono	movevano	mossero	moveranno

인칭	명령법	접속법		조건법
	현재	현재	불완료과거	현재
io	-	muova	movessi	moverei
tu	muovi	muova	movessi	moveresti
lui	muova	muova	movesse	moverebbe
noi	moviamo	moviamo	movessimo	moveremmo
voi	movete	moviate	moveste	movereste
loro	muovano	muovano	movessero	moverebbero

nascere (태어나다)
현재분사 nascente
과거분사 nato
제룬디오 nascendo

인칭	직설법			
	현재	불완료 과거	원과거	미래
io	nasco	nascevo	nacqui	nascerò
tu	nasci	nascevi	nascesti	nascerai
lui	nasce	nasceva	nacque	nascerà
noi	nasciamo	nascevamo	nascemmo	nasceremo
voi	nascete	nascevate	nasceste	nascerete
loro	nascono	nascevano	nacquero	nasceranno

인칭	명령법	접속법		조건법
	현재	현재	불완료과거	현재
io	-	nasca	nascessi	nascerei
tu	nasci	nasca	nascessi	nasceresti
lui	nasca	nasca	nascesse	nascerebbe
noi	nasciamo	nasciamo	nascessimo	nasceremmo
voi	nascete	nasciate	nasceste	nascereste
loro	nascano	nascano	nascessero	nascerebbero

offrire (제공하다)
현재분사 offrente
과거분사 offerto
제룬디오 offrendo

인칭	직설법			
	현재	불완료 과거	원과거	미래
io	offro	offrivo	offrii	offrirò
tu	offri	offrivi	offristi	offrirai
lui	offre	offriva	offrì	offrirà
noi	offriamo	offrivamo	offrimmo	offriremo
voi	offrite	offrivate	offriste	offrirete
loro	offrono	offrivano	offrirono	offriranno

인칭	명령법	접속법		조건법
	현재	현재	불완료과거	현재
io	-	offra	offrissi	offrirei
tu	offri	offra	offrissi	offriresti
lui	offra	offra	offrisse	offrirebbe
noi	offriamo	offriamo	offrissimo	offriremmo
voi	offrite	offriate	offriste	offrireste
loro	offrano	offrano	offrissero	offrirebbero

perdere (잃다, 놓치다)
현재분사 perdente
과거분사 perso
제룬디오 perdendo

인칭	직설법			
	현재	불완료 과거	원과거	미래
io	perdo	perdevo	persi(perdei)	perderò
tu	perdi	perdevi	perdesti	perderai
lui	perde	perdeva	perse(perdé)	perderà
noi	perdiamo	perdevamo	perdemmo	perderemo
voi	perdete	perdevate	perdeste	perderete
loro	perdono	perdevano	persero (perderono)	perderanno

인칭	명령법	접속법		조건법
	현재	현재	불완료과거	현재
io	-	perda	perdessi	perderei
tu	perdi	perda	perdessi	perderesti
lui	perda	perda	perdesse	perderebbe
noi	perdiamo	perdiamo	perdessimo	perderemmo
voi	perdete	perdiate	perdeste	perdereste
loro	perdano	perdano	perdessero	perderebbero

piacere (좋다)
현재분사 piacente
과거분사 piaciuto
제룬디오 piacendo

인칭	직설법			
	현재	불완료 과거	원과거	미래
io	piaccio	piacevo	piacqui	piacerò
tu	piaci	piacevi	piacesti	piacerai
lui	piace	piaceva	piacque	piacerà
noi	piacciamo	piacevamo	piacemmo	piaceremo
voi	piacete	piacevate	piaceste	piacerete
loro	piacciono	piacevano	piacquero	piaceranno

인칭	명령법	접속법		조건법
	현재	현재	불완료과거	현재
io	-	piaccia	piacessi	piacerei
tu	piaci	piaccia	piacessi	piaceresti
lui	piaccia	piaccia	piacesse	piacerebbe
noi	piacciamo	piacciamo	piacessimo	piaceremmo
voi	piacete	piacciate	piaceste	piacereste
loro	piacciano	piacciano	piacessero	piacerebbero

piangere (울다)
현재분사 piangente
과거분사 pianto
제룬디오 piangendo

인칭	직설법			
	현재	불완료 과거	원과거	미래
io	piango	piangevo	piansi	piangerò
tu	piangi	piangevi	piangesti	piangerai
lui	piange	piangeva	pianse	piangerà
noi	piangiamo	piangevamo	piangemmo	piangeremo
voi	piangete	piangevate	piangeste	piangerete
loro	piangono	piangevano	piansero	piangeranno

인칭	명령법	접속법		조건법
	현재	현재	불완료과거	현재
io	-	pianga	piangessi	piangerei
tu	piangi	pianga	piangessi	piangeresti
lui	pianga	pianga	piangesse	piangerebbe
noi	piangiamo	piangiamo	piangessimo	piangeremmo
voi	piangete	piangiate	piangeste	piangereste
loro	piangano	piangano	piangessero	piangerebbero

potere (할 수 있다)
현재분사 potente
과거분사 potuto
제룬디오 potendo

인칭	직설법			
	현재	불완료 과거	원과거	미래
io	posso	potevo	potei (potetti)	potrò
tu	puoi	potevi	potesti	potrai
lui	può	poteva	potè (potette)	potrà
noi	possiamo	potevamo	potemmo	potremo
voi	potete	potevate	poteste	potrete
loro	possono	potevano	poterono (potéttero)	potranno

인칭	명령법	접속법		조건법
	현재	현재	불완료과거	현재
io	-	possa	potessi	potrei
tu	-	possa	potessi	potresti
lui	-	possa	potesse	potrebbe
noi	-	possiamo	potessimo	potremmo
voi	-	possiate	poteste	potreste
loro	-	possano	potessero	potrebbero

ridere (웃다)
현재분사 ridente
과거분사 riso
제룬디오 ridendo

인칭	직설법			
	현재	불완료 과거	원과거	미래
io	rido	ridevo	risi	riderò
tu	ridi	ridevi	ridesti	riderai
lui	ride	rideva	rise	riderà
noi	ridiamo	ridevamo	ridemmo	rideremo
voi	ridete	ridevate	rideste	riderete
loro	ridono	ridevano	risero	rideranno

인칭	명령법	접속법		조건법
	현재	현재	불완료과거	현재
io	-	rida	ridessi	riderei
tu	ridi	rida	ridessi	rideresti
lui	rida	rida	ridesse	riderebbe
noi	ridiamo	ridiamo	ridessimo	rideremmo
voi	ridete	ridiate	rideste	ridereste
loro	ridano	ridano	ridessero	riderebbero

rimanere (남다, 머물다)
현재분사 rimanente

과거분사 rimasto

제룬디오 rimanendo

인칭	직설법			
	현재	불완료 과거	원과거	미래
io	rimango	rimanevo	rimasi	rimarrò
tu	rimani	rimanevi	rimanesti	rimarrai
lui	rimane	rimaneva	rimase	rimarrà
noi	rimaniamo	rimanevamo	rimanemmo	rimarremo
voi	rimanete	rimanevate	rimaneste	rimarrete
loro	rimangono	rimanevano	rimasero	rimarranno

인칭	명령법	접속법		조건법
	현재	현재	불완료과거	현재
io	-	rimanga	rimanessi	rimarrei
tu	rimani	rimanga	rimanessi	rimarresti
lui	rimanga	rimanga	rimanesse	rimarrebbe
noi	rimaniamo	rimaniamo	rimanessimo	rimarremmo
voi	rimanete	rimaniate	rimaneste	rimarreste
loro	rimangano	rimangano	rimanessero	rimarrebbero

rispondere (대답하다)
현재분사 rispondente

과거분사 risposto

제룬디오 rispondendo

인칭	직설법			
	현재	불완료 과거	원과거	미래
io	rispondo	rispondevo	risposi	risponderò
tu	rispondi	rispondevi	rispondesti	risponderai
lui	risponde	rispondeva	rispose	risponderà
noi	rispondiamo	rispondevamo	rispondemmo	risponderemo
voi	rispondete	rispondevate	rispondeste	risponderete
loro	rispondono	rispondevano	risposero	risponderanno

인칭	명령법	접속법		조건법
	현재	현재	불완료과거	현재
io	-	risponda	rispondessi	risponderei
tu	rispondi	risponda	rispondessi	risponderesti
lui	risponda	risponda	rispondesse	responderebbe
noi	rispondiamo	rispondiamo	rispondessimo	risponderemmo
voi	rispondete	rispondiate	rispondeste	rispondereste
loro	rispondano	rispondano	rispondessero	risponderebbero

rompere (파괴하다)
현재분사 rompente
과거분사 rotto
제룬디오 rompendo

인칭	직설법			
	현재	불완료 과거	원과거	미래
io	rompo	rompevo	ruppi	romperò
tu	rompi	rompevi	rompesti	romperai
lui	rompe	rompeva	ruppe	romperà
noi	rompiamo	rompevamo	rompemmo	romperemo
voi	rompete	rompevate	rompeste	romperete
loro	rompono	rompevano	ruppero	romperanno

인칭	명령법	접속법		조건법
	현재	현재	불완료과거	현재
io	-	rompa	rompessi	romperei
tu	rompi	rompa	rompessi	romperesti
lui	rompa	rompa	rompesse	romperebbe
noi	rompiamo	rompiamo	rompessimo	romperemmo
voi	rompete	rompiate	rompeste	rompereste
loro	rompano	rompano	rompessero	romperebbero

salire (올라가다)
현재분사 saliente
과거분사 salito
제룬디오 salendo

인칭	직설법			
	현재	불완료 과거	원과거	미래
io	salgo	salivo	salii	salirò
tu	sali	salivi	salisti	salirai
lui	sale	saliva	salì	salirà
noi	saliamo	salivamo	salimmo	saliremo
voi	salite	salivate	saliste	salirete
loro	salgono	salivano	salirono	saliranno

인칭	명령법	접속법		조건법
	현재	현재	불완료과거	현재
io	-	salga	salissi	salirei
tu	salì	salga	salissi	saliresti
lui	salga	salga	salisse	salirebbe
noi	saliamo	saliamo	salissimo	saliremmo
voi	salite	saliate	saliste	salireste
loro	salgano	salgano	salissero	salirebbero

sapere (알다)
현재분사 sapiente
과거분사 saputo
제룬디오 sapendo

인칭	직설법			
	현재	불완료 과거	원과거	미래
io	so	sapevo	seppi	saprò
tu	sai	sapevi	sapesti	saprai
lui	sa	sapeva	seppe	saprà
noi	sappiamo	sapevamo	sapemmo	sapremo
voi	sapete	sapevate	sapeste	saprete
loro	sanno	sapevano	seppero	sapranno

인칭	명령법	접속법		조건법
	현재	현재	불완료과거	현재
io	-	sappia	sapessi	saprei
tu	sappi	sappia	sapessi	sapresti
lui	sappia	sappia	sapesse	saprebbe
noi	sappiamo	sappiamo	sapessimo	sapremmo
voi	sappiate	sappiate	sapeste	sapreste
loro	sappiano	sappiano	sapessero	saprebbero

sceglière (고르다, 선택하다)
현재분사 scegliente
과거분사 scelto
제룬디오 scegliendo

인칭	직설법			
	현재	불완료 과거	원과거	미래
io	scelgo	sceglievo	scelsi	sceglierò
tu	scegli	sceglievi	scegliesti	sceglierai
lui	sceglie	sceglieva	scelse	sceglierà
noi	scegliamo	sceglievamo	scegliemmo	sceglieremo
voi	scegliete	sceglievate	sceglieste	sceglierete
loro	scelgono	sceglievano	scelsero	sceglieranno

인칭	명령법	접속법		조건법
	현재	현재	불완료과거	현재
io	-	scelga	scegliessi	sceglierei
tu	scegli	scelga	scegliessi	sceglieresti
lui	scelga	scelga	scegliesse	sceglierebbe
noi	scegliamo	scegliamo	scegliessimo	sceglieremmo
voi	scegliete	scegliate	sceglieste	scegliereste
loro	scelgano	scelgano	scegliessero	sceglierebbero

scendere (내려가다)
현재분사 scendente
과거분사 sceso
제룬디오 scendendo

인칭	직설법			
	현재	불완료 과거	원과거	미래
io	scendo	scendevo	scesi	scenderò
tu	scendi	scendevi	scendesti	scenderai
lui	scende	scendeva	scese	scenderà
noi	scendiamo	scendevamo	scendemmo	scenderemo
voi	scendete	scendevate	scendeste	scenderete
loro	scendono	scendevano	scesero	scenderanno

인칭	명령법	접속법		조건법
	현재	현재	불완료과거	현재
io	-	scenda	scendessi	scenderei
tu	scendi	scenda	scendessi	scenderesti
lui	scenda	scenda	scendesse	scenderebbe
noi	scendiamo	scendiamo	scendessimo	scenderemmo
voi	scendete	scendiate	scendeste	scendereste
loro	scendano	scendano	scendessero	scenderebbero

scrivere (쓰다)
현재분사 scrivente
과거분사 scritto
제룬디오 scrivendo

인칭	직설법			
	현재	불완료 과거	원과거	미래
io	scrivo	scrivevo	scrissi	scriverò
tu	scrivi	scrivevi	scrivesti	scriverai
lui	scrive	scriveva	scrisse	scriverà
noi	scriviamo	scrivevamo	scrivemmo	scriveremo
voi	scrivete	scrivevate	scriveste	scriverete
loro	scrivono	scrivevano	scrissero	scriveranno

인칭	명령법	접속법		조건법
	현재	현재	불완료과거	현재
io	-	scriva	scrivessi	scriverei
tu	scrivi	scriva	scrivessi	scriveresti
lui	scriva	scriva	scrivesse	scriverebbe
noi	scriviamo	scriviamo	scrivessimo	scriveremmo
voi	scrivete	scriviate	scriveste	scrivereste
loro	scrivano	scrivano	scrivessero	scriverebbero

sedere (앉다)
현재분사 sedente
과거분사 seduto
제룬디오 sedendo

인칭	직설법			
	현재	불완료 과거	원과거	미래
io	siedo	sedevo	sedei	sederò
tu	siedi	sedevi	sedesti	sederai
lui	siede	sedeva	sedé	sederà
noi	sediamo	sedevamo	sedemmo	sederemo
voi	sedete	sedevate	sedeste	sederete
loro	siedono	sedevano	sederono	sederanno

인칭	명령법	접속법		조건법
	현재	현재	불완료과거	현재
io	-	sieda(segga)	sedessi	sederei
tu	siedi	sieda(segga)	sedessi	sederesti
lui	sieda(segga)	sieda(segga)	sedesse	sederebbe
noi	sediamo	sediamo	sedessimo	sederemmo
voi	sedete	sediate	sedeste	sedereste
loro	siedano (seggano)	siedano (seggano)	sedessero	sederebbero

spengnere (끄다)
현재분사 spegnente
과거분사 spento
제룬디오 spegnendo

인칭	직설법			
	현재	불완료 과거	원과거	미래
io	spengo	spegnevo	spensi	spegnerò
tu	spegni	spegnevi	spegnesti	spegnerai
lui	spegne	spegneva	spense	spegnerà
noi	spegniamo	spegnevamo	spegnemmo	spegneremo
voi	spegnete	spegnevate	spegneste	spegnerete
loro	spengono	spegnevano	spensero	spegneranno

인칭	명령법	접속법		조건법
	현재	현재	불완료과거	현재
io	-	spenga	spegnessi	spegnerei
tu	spegni	spenga	spegnessi	spegneresti
lui	spenga	spenga	spegnesse	spegnerebbe
noi	spegniamo	spegniamo	spenessimo	spegneremmo
voi	spegnete	spegniate	spegneste	spegnereste
loro	spengano	spengano	spegnessero	spegnerebbero

spendere (비용을 쓰다)
현재분사 spendente
과거분사 speso
제룬디오 spendendo

인칭	직설법			
	현재	불완료 과거	원과거	미래
io	spendo	spendevo	spesi	spenderò
tu	spendi	spendevi	spendesti	spenderai
lui	spende	spendeva	spese	spenderà
noi	spendiamo	spendevamo	spendemmo	spenderemo
voi	spendete	spendevate	spendeste	spenderete
loro	spendono	spendevano	spesero	spenderanno

인칭	명령법	접속법		조건법
	현재	현재	불완료과거	현재
io	-	spenda	spendessi	spenderei
tu	spendi	spenda	spendessi	spenderesti
lui	spenda	spenda	spendesse	spenderebbe
noi	spendiamo	spendiamo	spendessimo	spenderemmo
voi	spendete	spendiate	spendeste	spendereste
loro	spendano	spendano	spendessero	spenderebbero

spingere (밀다)
현재분사 spingente
과거분사 spinto
제룬디오 spingendo

인칭	직설법			
	현재	불완료 과거	원과거	미래
io	spingo	spingevo	spinsi	spingerò
tu	spingi	spingevi	spingesti	spingerai
lui	spinge	spingeva	spinse	spingerà
noi	spingiamo	spingevamo	spingemmo	spingeremo
voi	spingete	spingevate	spingeste	spingerete
loro	spingono	spingevano	spinsero	spingeranno

인칭	명령법	접속법		조건법
	현재	현재	불완료과거	현재
io	-	spinga	spingessi	spingerei
tu	spingi	spinga	spingessi	spingeresti
lui	spinga	spinga	spingesse	spingerebbe
noi	spingiamo	spingiamo	spingessimo	spingeremmo
voi	spingete	spingiate	spingeste	spingereste
loro	spingano	spingano	spingessero	spingerebbero

stare (있다, 존재하다)
현재분사 stante
과거분사 stato
제룬디오 stando

인칭	직설법			
	현재	불완료 과거	원과거	미래
io	sto	stavo	stetti	starò
tu	stai	stavi	stesti	starai
lui	sta	stava	stette	starà
noi	stiamo	stavamo	stemmo	staremo
voi	state	stavate	steste	starete
loro	stanno	stavano	stettero	staranno

인칭	명령법	접속법		조건법
	현재	현재	불완료과거	현재
io	-	stia	stessi	starei
tu	sta	stia	stessi	staresti
lui	stia	stia	stesse	starebbe
noi	stiamo	stiamo	stessimo	staremmo
voi	state	stiate	steste	stareste
loro	stiano	stiano	stessero	starebbero

tenere (잡다, 쥐다)
현재분사 tenente
과거분사 tenuto
제룬디오 tenendo

인칭	직설법			
	현재	불완료 과거	원과거	미래
io	tengo	tenevo	tenni	terrò
tu	tieni	tenevi	tenesti	terrai
lui	tiene	teneva	tenne	terrà
noi	teniamo	tenevamo	tenemmo	terremo
voi	tenete	tenevate	teneste	terrete
loro	tengono	tenevano	tennero	terranno

인칭	명령법	접속법		조건법
	현재	현재	불완료과거	현재
io	-	tenga	tenessi	terrei
tu	tieni	tenga	tenessi	terresti
lui	tenga	tenga	tenesse	terrebbe
noi	teniamo	teniamo	tenessimo	terremmo
voi	tenete	teniate	teneste	terreste
loro	tengano	tengano	tenessero	terrebbero

togliere (제거하다)
현재분사 togliente
과거분사 tolto
제룬디오 togliendo

인칭	직설법			
	현재	불완료 과거	원과거	미래
io	tolgo	toglievo	tolsi	tiglierò
tu	togli	toglievi	togliesti	toglierai
lui	toglie	toglieva	tolse	toglierà
noi	togliamo	toglievamo	togliemmo	toglieremo
voi	togliete	toglievate	toglieste	toglierete
loro	tolgono	toglievano	tolsero	toglieranno

인칭	명령법	접속법		조건법
	현재	현재	불완료과거	현재
io	-	tolga	togliessi	toglierei
tu	togli	tolga	togliessi	toglieresti
lui	tolga	tolga	togliesse	toglierebbe
noi	togliamo	togliamo	togliessimo	toglieremmo
voi	togliete	togliate	toglieste	togliereste
loro	tolgano	tolgano	togliessero	toglierebbero

vedere (보다)
현재분사 vedente
과거분사 visto, veduto
제룬디오 vedendo

인칭	직설법			
	현재	불완료 과거	원과거	미래
io	vedo	vedevo	vidi	vedrò
tu	vedi	vedevi	vedesti	vedrai
lui	vede	vedeva	vide	vedrà
noi	vediamo	vedevamo	vedemmo	vedremo
voi	vedete	vedevate	vedeste	vedrete
loro	vedono	vedevano	videro	vedranno

인칭	명령법	접속법		조건법
	현재	현재	불완료과거	현재
io	-	veda	vedessi	vedrei
tu	vedi	veda	vedessi	vedresti
lui	veda	veda	vedesse	vedrebbe
noi	vediamo	vediamo	vedessimo	vedremmo
voi	vedete	vediate	vedeste	vedreste
loro	vedano	vedano	vedessero	vedrebbero

venire (오다, 가다)
현재분사 veniente

과거분사 venuto

제룬디오 venendo

인칭	직설법			
	현재	불완료 과거	원과거	미래
io	vengo	venivo	venni	verrò
tu	vieni	venivi	venisti	verrai
lui	viene	veniva	venne	verrà
noi	veniamo	venivamo	venimmo	verremo
voi	venite	venivate	veniste	verrete
loro	vengono	venivano	vennero	verranno

인칭	명령법	접속법		조건법
	현재	현재	불완료과거	현재
io	-	venga	venissi	verrei
tu	vieni	venga	venissi	verresti
lui	venga	venga	venisse	verrebbe
noi	veniamo	veniamo	venissimo	verremmo
voi	venite	veniate	veniste	verreste
loro	vengano	vengano	venissero	verrebbero

vivere (살다)
현재분사 vivente
과거분사 vissuto
제룬디오 vivendo

인칭	직설법			
	현재	불완료 과거	원과거	미래
io	vivo	vivevo	vissi	vivrò
tu	vivi	vivevi	vivesti	vivrai
lui	vive	viveva	visse	vivrà
noi	viviamo	vivevamo	vivemmo	vivremo
voi	vivete	vivevate	viveste	vivrete
loro	vivono	vivevano	vissero	vivranno

인칭	명령법	접속법		조건법
	현재	현재	불완료과거	현재
io	-	viva	vivessi	vivrei
tu	vivi	viva	vivessi	vivresti
lui	viva	viva	vivesse	vivrebbe
noi	viviamo	viviamo	vivessimo	vivremmo
voi	vivete	viviate	viveste	vivreste
loro	vivano	vivano	vivessero	vivrebbero

volere (바라다)
현재분사 volente
과거분사 voluto
제룬디오 volendo

인칭	직설법			
	현재	불완료 과거	원과거	미래
io	voglio	volevo	volli	vorrò
tu	vuoi	volevi	volesti	vorrai
lui	vuole	voleva	volle	vorrà
noi	vogliamo	volevamo	volemmo	vorremo
voi	volete	volevate	voleste	vorrete
loro	vogliono	volevano	vollero	vorranno

인칭	명령법	접속법		조건법
	현재	현재	불완료과거	현재
io	-	voglia	volessi	vorrei
tu	vogli	voglia	volessi	vorresti
lui	voglia	voglia	volesse	vorrebbe
noi	vogliamo	vogliamo	volessimo	vorremmo
voi	vogliate	vogliate	voleste	vorreste
loro	vogliano	vogliano	volessero	vorrebbero

그림 보고 말하기

문형 연습

- A: 내일 날씨가 어떨까?
  B: 날씨가 좋을 거야.

1 날씨가 나쁠 거야(fare brutto tempo)
2 맑을 거야(essere sereno)
3 구름이 낄 거야(essere nuvoloso)
4 추울 거야(essere freddo)
5 더울 거야(essere caldo)
6 비가 올 거야(pioverà : piovere의 미래 3인칭 단수)
7 눈이 올 거야(nevicherà : nevicare의 미래 3인칭 단수)
8 바람이 불 거야(tirerà vento : tirare의 미래 3인칭 단수)

새단어

- tempo 날씨
- farà 날씨 표현에 사용(fare의 미래 3인칭 단수)
- bel tempo 좋은 날씨
- campagna 시골, 전원
- incontrerò 나는 만날 것이다(incontrare의 미래 1인칭 단수)
- vecchio 오래된, 옛, 늙은

기본회화 ❸

전체듣기 Track 063
따라듣기 Track 064

Franca Quando tornerai nel tuo paese?

Daniel Ci tornerò dopo che avrò dato l'esame di lingua italiana.

Franca Che cosa farai dopo che sarai tornato?

Daniel Insegnerò l'italiano a scuola.

해설

- nel tuo paese: paese가 남성 명사이므로 tuo를 쓴다.
- dopo che ~: ~한 후
- ci tornerò dopo che avrò dato l'esame~
  (미래) (미래완료)
  '돌아갈 거다'와 '시험을 볼 거다'는 모두 미래에 일어날 일이지만 분명 시점의 차이가 있다. '시험 보는 것'이 우선적으로 발생하는 것이므로 미래완료형을 사용해야 한다.
- che cosa farai dopo che sarai tornato?
  (미래) (미래완료)
  '무엇을 할 것인지'보다 '돌아가는 것'이 먼저 발생한 것이므로 미래완료로 쓴다.
- 미래완료

avere 또는 essere의 미래	
avrò, avrai, avrà avremo, avrete, avranno	+ 타동사의 과거분사
sarò, sarai, sarà saremo, sarete, saranno	+ 자동사의 과거분사 (주어의 성 · 수에 따라 과거분사 어미 일치)

본문 해석

프랑까 너의 나라로 언제 돌아갈 거니?
다니엘 이탈리아어 시험 본 후에 그곳으로 돌아갈 거야.
프랑까 돌아가서 뭐 할 건데?
다니엘 학교에서 이탈리아어를 가르칠 거야.

그림 보고 말하기

문형 연습

- 난 이탈리아어 시험 본 후에 그곳으로 돌아갈 거야.

1 엄마에게 전화를 건 후에
(avere telefonato a mamma)

2 편지를 쓰고 난 후에
(avere scritto una lettera)

3 집을 판 후에
(avere venduto la casa)

4 프랑카가 도착한 후에
(Franca sarà arrivata a casa)

새단어

- □ tornerai 너는 돌아갈 것이다(tornare의 2인칭 단수 미래)
- □ nel in+il
- □ tornerò 나는 돌아올 것이다(tornare의 1인칭 단수 미래)
- □ paese 나라, 고향, 마을
- □ ci = nel mio paese
- □ dopo che~ ~한 후
- □ avrò 나는 가질 것이다(avere의 1인칭 단수 미래)
- □ l'esame 시험(lo esame의 축약형)
- □ lingua 언어
- □ insegnerò 나는 가르칠 것이다(insegnare의 미래 1인칭 단수)
- □ dato 주었다(dare의 과거분사)
- □ dare l'esame 시험 보다

기본회화 ❹

전체듣기 Track 065
따라듣기 Track 066

Daniel	Vorrei un biglietto per Napoli, per favore!
Biglietteria	Solo andata o andata e ritorno?
Daniel	Andata e ritorno. Quant'è?
Biglietteria	34euro.
Daniel	Posso pagare con la carta di credito?
Biglietteria	Sì, certo.

해설

- vorrei ~!: volere의 조건법 형태로서 정중히 요구하거나 부탁할 때 사용한다. 즉 '~주시겠어요!'이다.
- andata e ritorno: '왕복'이라는 의미인데, 동사 andare(가다)와 ritornare(돌아오다)의 명사형이다.
- quant'è? = quanto è? = quanto costa? = quanto viene? 얼마죠?
- posso pagare ~: potere 동사 다음에는 반드시 동사원형이 와야 한다.

본문 해석

다니엘	나폴리행 기차표 한 장 주세요!
매표소	편도입니까 아니면 왕복입니까?
다니엘	왕복으로 주세요. 얼마죠?
매표소	34유로입니다.
다니엘	카드로 결제해도 되나요?
매표소	네, 물론이죠.

그림 보고 말하기

문형 연습

- A: 나폴리행 기차표 한 장 주세요!
  B: 편도입니까 아니면 왕복입니까?

  1 Roma
  2 Venezia
  3 Milano
  4 Firenze

- A: 왕복으로 주세요. 얼마죠?
  B: 34유로입니다.

  1 편도로 / 17유로
  2 왕복으로 / 29유로

새단어

- biglietteria 매표소
- vorrei 저는 ~을 원합니다(volere의 조건법 1인칭 단수)
- un biglietto 표 한 장
- per Napoli 나폴리행
- per favore 부탁할 때 쓰는 표현 (please)
- solo andata 편도
- andata e ritorno 왕복
- quant'è? 얼마입니까?(quanto è의 축약형)
- euro 유럽 화폐 단위(eurodollaro의 축약형)
- pagare 지불하다
- carta di credito 신용카드

문법

01 직설법 미래

미래(규칙 활용)

	-are, -ere	-ire
(io)	-erò	-irò
(tu)	-erai	-irai
(lui, lei)	-erà	-irà
(noi)	-eremo	-iremo
(voi)	-erete	-irete
(loro)	-eranno	-iranno

미래(불규칙 활용)

-care, -gare 동사 : cercare → cercherò, pagare → pagherò (동일 음가를 유지하기 위해 'h' 삽입)
-ciare, -giare 동사 : cominciare → comincerò, mangiare → mangerò (mangierò이지만, i 모음 탈락)

아래 동사는 1인칭 단수 활용만 알고 있다면 규칙 활용을 따라 나머지 활용을 쉽게 익힐 수 있다.

- □ essere(이다) → sarò
- □ andare(가다) → andrò
- □ potere(할 수 있다) → potrò
- □ vedere(보다) → vedrò
- □ rimanere(남다) → rimarrò
- □ volere(원하다) → vorrò
- □ tradurre(번역하다) → tradurrò
- □ fare(하다) → farò
- □ avere(가지다) → avrò
- □ dovere(해야 한다) → dovrò
- □ sapere(알다) → saprò
- □ bere(마시다) → berrò
- □ venire(가다, 오다) → verrò
- □ tenere(잡다, 쥐다, 얻다) → terrò
- □ dare(주다) → darò
- □ stare(~이다) → starò

02 직설법 미래완료

avere의 미래 + 타동사의 과거분사

(io)	avrò	dato
(tu)	avrai	
(lui, lei)	avrà	
(noi)	avremo	
(voi)	avrete	
(loro)	avranno	

essere의 미래 + 자동사의 과거분사

(io) (tu) (lui, lei)	sarò sarai sarà	tornato/a
(noi) (voi) (loro)	saremo sarete saranno	tornati/e

<u>Tornerò</u> a Seoul dopo che <u>avrò dato</u> l'esame.
①　　　　　　　　　　　②

① '돌아갈 것이다'와 ② '시험을 볼 것이다' 두 사건 모두 미래에 발생할 일이지만 ②가 먼저 일어나므로 ②를 미래완료로 쓴다.

03 서수 형용사

prim	o	a	undicesim	o	a
	i	e		i	e

secondo	dodicesimo
terzo	tredicesimo
quarto	quattordicesimo
quinto	quindicesimo
sesto	sedicesimo
settimo	diciassettesimo
ottavo	diciottesimo
nono	diciannovesimo
decimo	ventesimo

1부터 10까지의 서수는 암기해야 하지만, 11부터 무한대의 서수는 규칙에 따르면 쉽게 만들 수 있다.

11 (undici) → undic(i) + esimo → undicesimo
20 (venti) → vent(i) + esimo → ventesimo

명사의 성 · 수를 따른다.
(예) prima donna 여주인공
　　unità prima 제1과
　　secondo livello 두 번째 레벨
　　primi giorni (한 달) 초순

01 〈보기〉와 같이 바꾸시오.

보기

Partirò fra una settimana. → **Partiremo** fra una settimana.
나는 일주일 후에 떠날 예정이다. 우리는 일주일 후에 떠날 예정이다.

1. **Frequenterò** un corso di inglese.

→ ______________________

2. **Cercherò** un nuovo lavoro.

→ ______________________

3. **Spedirò** la lettera fra poco.

→ ______________________

4. **Studierò** lo spagnolo.

→ ______________________

02 〈보기〉와 같이 바꾸시오.

보기

Lavori fino a tardi? → **Lavorerai** fino a tardi?
너는 늦게까지 일하니? 너는 늦게까지 일할 예정이니?

1. **Passi** le vacanze in città l'estate prossima?

→ ______________________

2. **Smetti** di fumare?

→ ______________________

3. **Cominci** a lavorare presto domattina?

→ ______________________

4. Patrizia **compra** una macchina nuova?

→ ______________________

03 〈보기〉와 같이 바꾸시오.

> 보기
>
> Oggi c'è il sole. → Anche domani ci **sarà** il sole.
> 오늘은 쾌청하다. 내일도 쾌청할 것이다.

1. Oggi **piove**.

   → ______________________________

2. Oggi devo **studiare** fino a tardi.

   → ______________________________

3. Oggi posso **dormire** di più

   → ______________________________

4. Oggi **veniamo** a cena da te.

   → ______________________________

04 〈보기〉와 같이 바꾸시오.

> 보기
>
> Dopo che **avrà visto** il film, Carlo **andrà** a letto.
> → **Dopo il film** Carlo **andrà** a letto.
> 영화를 보고 난 후 카를로는 잠자리에 들 것이다.

1. Dopo che **avrà visto** la partita, Carlo **tornerà** a casa.

   → ______________________________

2. Dopo che **avrà ascoltato** la lezione, Carlo **telefonerà** a Mara.

   → ______________________________

3. Dopo che **avrà visto** lo spettacolo, Carlo **andrà** al ristorante.

   → ______________________________

4. Dopo che **avrà finito** l'Università, Carlo **farà** il servizio militare.

   → ______________________________

Capitolo 09

A che ora ti svegli la mattina?

핵심 표현

- A che ora ti svegli la mattina?
  너는 아침 몇 시에 잠에서 깨니?
- A che ora ti sei alzato stamattina?
  오늘 아침 몇 시에 일어났니?
- Ti sei divertita?
  즐거웠니?
- Vuoi una mano, Ingrid?
  도움 필요해, 잉그리드?

Manarola in Cinque Terre

친퀘테레 마나롤라

기본회화 ❶

전체듣기 Track 067
따라듣기 Track 068

Ingrid A che ora ti svegli la mattina?

Daniel Di solito mi sveglio alle sei.

Ingrid Come ti trovi in Italia?

Daniel Mi trovo bene.

해설

- A che ora ti svegli~? : 재귀동사 svegliarsi의 tu에 대한 활용이다.
  svegliarsi = svegliare(깨우다)+si(재귀대명사)
  예컨대, mi sveglio는 'I wake up myself'이다. 그러므로 재귀대명사는 영어의 ~self 역할을 하는 것이다.
- 재귀동사 svegliarsi(잠에서 깨다)의 활용

	재귀대명사	svegliare	
(io)	mi	sveglio	
(tu)	ti	svegli	presto(일찍)
(lui, lei)	si	sveglia	tardi(늦게)
(noi)	ci	svegliamo	alle sette(7시에)
(voi)	vi	svegliate	a mezzogiorno(정오에)
(loro)	si	svegliano	

- 재귀동사 trovarsi는 trovare(발견하다)+si로서 의미가 변화된 경우이다.

trovarsi (지내다)				
(io)	mi	trovo	bene 잘	
(tu)	ti	trovi	abbastanza bene 꽤 잘	
(lui)	si	trova	male 잘 못	in Italia
(noi)	ci	troviamo		all'Università
(voi)	vi	trovate	in una situazione difficile	
(loro)	si	trovano	어려운 상황에 (처해 있다)	

본문 해석

잉그리드 너는 아침 몇 시에 잠에서 깨니?
다니엘 보통 6시에 잠에서 깨.
잉그리드 이탈리아에서 어떻게 지내고 있니?
다니엘 잘 지내.

그림 보고 말하기

문형 연습

- A: 너는 아침 몇 시에 잠에서 깨니?
  B: 보통 6시에.

1 일찍
2 늦게
3 8시에
4 정오에
5 9시 30분에

새단어

- a che ora 몇 시에
- ti svegli 너는 너 자신을 깨운다(재귀동사 svegliarsi의 2인칭 단수)
- la mattina 아침, 오전
- di solito 흔히
- mi sveglio 나는 나 자신을 깨운다(재귀동사 svegliarsi의 단수 1인칭)
- ti trovi 너는 ~ 지내다(trovarsi의 2인칭 단수)
- mi trovo 나는 ~ 지내다(trovarsi의 1인칭 단수)

전체듣기 Track 069
따라듣기 Track 070

Ingrid A che ora ti sei alzato stamattina, Daniel?

Daniel Mi sono alzato alle sette.

Ingrid E tuo amico?

Daniel Anche lui si è alzato presto.

해설

- 재귀동사의 근과거는 '재귀대명사+essere+과거분사'로만 만들어진다.
- '그들은 서로 ~하다'도 재귀동사를 사용해야 한다. 서로가 목적어 역할을 하기 때문이다. 이것을 '상호적' 재귀동사라고 한다.

Bruno e Stella	si	incontrano	서로 만난다
		guardano	서로 쳐다본다
		salutano	서로 인사한다
		innamorano	서로 사랑한다
		fidanzano	(서로)약혼한다
		sposano	(서로)결혼한다

- 대표적인 재귀동사

1. addormentarsi 잠들다
2. lavarsi 씻다
3. vestirsi 옷 입다
4. truccarsi 화장하다
5. fermarsi 멈춰서다, 머물다
6. alzarsi 일어나다
7. mettersi 옷 입다, 모자 쓰다, 양말 신다
8. pettinarsi 머리 빗다
9. farsi la barba 면도하다
10. asciugarsi 물기를 닦다
11. lavarsi i denti 양치질하다
12. farsi la doccia 샤워하다

'자기가 자기 자신을 어떻게 한다'라는 의미가 함축되어 있다. 즉, '재귀동사'의 뜻은 '주어의 행위가 다시 자신에게로 돌아온다'고 하여 '재귀'라고 부른다.

본문 해석

잉그리드 오늘 아침 몇 시에 일어났니, 다니엘?
다니엘 7시에 일어났어.
잉그리드 그런데 네 친구는?
다니엘 그도 일찍 일어났어.

그림 보고 말하기

문형 연습

- A: 몇 시에 일어났니, 다니엘?
  B: 7시에 일어났어.

1 Mario, 8시
2 Signor Kim, 7시 30분
3 Ingrid, 9시
4 Signorina Choi, 8시 30분

새단어

- mi sono alzato, ti sei alzato, si è alzato 일어났다 (alzarsi의 근과거)
- presto 일찍
- anche 역시

기본회화 ③

전체듣기 Track 071
따라듣기 Track 072

Mario	Che cosa hai fatto di bello ieri sera, Ingrid?
Ingrid	Sono andata alla festa di Franca.
Mario	Ti sei divertita?
Ingrid	No, mi sono annoiata da morire.

해설

- Che cosa hai fatto di bello~?: (직역) 넌 무엇을 재미있게 했니?, (의역) 재미있었니?
- Ti sei divertita?: 재귀동사 divertirsi(즐거워하다)의 tu에 대한 활용이다. 근과거 형태에서는 반드시 essere 조동사를 사용한다. 주어가 여성(Ingrid)이므로 divertita가 된다.
- mi sono annoiata도 재귀 형태이다. annoiarsi(지루하다)의 io에 대한 활용이다.
- divertire(즐겁게 하다) → divertirsi(즐거워하다)
  annoiare(지루하게 하다) → annoiarsi(지루해하다)
- 재귀동사 근과거 형태

divertirsi (즐거워하다)			
(io)	mi	sono	divertito/a
(tu)	ti	sei	divertito/a
(lui)	si	è	divertito
(lei)	si	è	divertita
(noi)	ci	siamo	divertiti/e
(voi)	vi	siete	divertiti/e
(loro)	si	sono	divertiti/e

* annoiarsi를 위와 같이 인칭에 따라 근과거로 활용해 보자.

- da morire: 죽을 만큼, 모척, 매우

본문 해석

마리오	어제 저녁 재미있었니, 잉그리드?
잉그리드	프랑까의 파티에 갔었어.
마리오	즐거웠니?
잉그리드	아니, 지루해 죽는 줄 알았어.

그림 보고 말하기

문형 연습

- A: 어제 저녁 재미있었니, 잉그리드?
  B: 프랑까의 파티에 갔었어.

  1 금요일 저녁 / Paolo / Maria
  2 토요일 저녁 / Silvia / Robert
  3 일요일 저녁 / Daniel / Paola

새단어

- di bello 재미있게
- ieri 어제
- festa 파티
- divertita 즐거웠다(divertire의 과거분사)
- annoiata 지루했다(annoiare의 과거분사)
- da morire 대단히, 무척, 아주(morire 죽다)

기본회화 ④

전체듣기 Track 073
따라듣기 Track 074

Ingrid Non riesco ad accendere il termosifone, forse si è rotto, non funziona.

Mario Vuoi una mano, Ingrid?

Ingrid Grazi

(……)

Mario Farò tardi a scuola!

Ingrid Ah! La macchina si è fermata.

해설

- non riesco ad accendere il termosifone : riuscire a + 동사원형(=be able to) (~켤 수 있다)
  (io) riesco, (tu) riesci, (lui) riesce,
  (noi) riusciamo, (voi) riuscite, (loro) riescono
- si è rotto : rompersi(부서지다, 고장 나다)의 근과거 형태
- Vuoi una mano?에 대한 수용과 거절에 관한 표현
  - 수용할 경우: Grazie. (고마워.)
    Grazie tante. (정말 고마워.)
    Magari. (그래 주었으면 좋겠어.)
    Volentieri. (기꺼이, 그래 좋아.)
  - 거절할 경우: Grazie, non fa niente. (고맙지만 별일 아니야.)
    Ti ringrazio, ma faccio da solo. (고맙지만, 혼자 할게.)
- avere bisogno di + 명사/동사원형 : ~할 필요가 있다, ~가 필요하다

본문 해석

잉그리드 나는 난방기를 켤 수 없어. 아마 고장이 났나 봐. 작동하지 않아.
마리오 도움을 원해(도와줄까), 잉그리드?
잉그리드 고마워.
(……)
마리오 학교에 늦겠는걸.
잉그리드 앗! 내 자동차가 꼼짝 않는다.

그림 보고 말하기

문형 연습

• 나는 **난방기를 켤 수 없어**.

1 이탈리아어를 이해할 수 없어(a capire l'italiano)
2 내 가방을 찾을 수 없어(a trovare la mia borsa)
3 자동차를 주차할 수 없어(a parcheggiare la macchina)
4 시내 중심지에서 집을 구할 수 없어(a trovare una casa in centro)

• 잉그리드, **도움이** 필요해?

1 휴식 기간이
2 커피가
3 남자 친구가

새단어

- riesco ad accendere~ 나는 ~를 켤 수 있다
- una mano 손, 도움
- il termosifone 난방기(스팀)
- adesso 이제, 지금
- si è rotto 고장 났다(rompersi)
- si è fermata 멈춰 섰다(fermarsi)
- farò tardi 나는 늦을 거야
- funziona 작동, 기능하다(funzionare의 3인칭 단수)
- come 어떻게
- vuoi 너는 원하다(volere의 2인칭 단수)
- bisogno 필요
- forse 아마도

01 재귀동사(현재)

Di solito 흔히, 보통	mi sveglio 잠에서 깬다	alle sette 7시에
	mi lavo 나는 씻는다.	con l'acqua fredda 찬물로
	mi vesto 나는 입는다.	in fretta 급하게
	mi trucco 나는 화장한다.	un po' 조금
	mi addormento 나는 잠이 든다.	alle dieci 10시에
	mi fermo 나는 머문다.	da Paolo 파올로 집에
	mi alzo 나는 일어난다.	alle sei 6시에
	mi pettino 나는 머리 빗는다.	
	mi metto 나는 ~ 입는다, 맨다, 쓴다	la camicia 와이셔츠 la cravatta 타이 il vestito 옷 il cappello 모자
	mi asciugo 나는 물기를 말린다.	
	mi faccio 나는 면도를 한다. 양치한다. 샤워한다.	la barba 수염 i denti 치아 la doccia 샤워

02 재귀동사(근과거)

(io) mi (tu) ti (lui, lei) si	sono sei è	alzato/a 일어났다	alle sei 6시에 a mezzogiorno 정오에 presto 일찍 tardi 늦게
(noi) ci (voi) vi (loro) si	siamo siete sono	alzati/e 일어났다	

재귀동사를 근과거로 만들 경우에는 반드시 essere 조동사를 사용해야 한다. 왜냐하면 타동사에서 자동사화되었기 때문이다. 그래서 과거분사의 어미를 주어의 성 · 수와 일치시켜야 한다.

03 조건법 현재

규칙 활용

	compr-**are** (사다)	vend-**ere** (팔다)	pul-**ire** (청소하다)
io	compr-**erei**	vend-**erei**	pul-**irei**
tu	compr-**eresti**	vend-**eresti**	pul-**iresti**
lui, lei	compr-**erebbe**	vend-**erebbe**	pul-**irebbe**
noi	compr-**eremmo**	vend-**eremmo**	pul-**iremmo**
voi	compr-**ereste**	vend-**ereste**	pul-**ireste**
loro	compr-**erebbero**	vend-**erebbero**	pul-**irebbero**

불규칙 활용

	potere(할 수 있다)	volere(원하다)	dovere(해야 한다)	
io	potr-**ei**	vorr-**ei**	dovr-**ei**	chiedere informazioni 정보를 묻다
tu	potr-**esti**	vorr-**esti**	dovr-**esti**	cercare una casa 집을 구하다
lui, lei	potr-**ebbe**	vorr-**ebbe**	dovr-**ebbe**	venire al più presto 가능한 한 빨리 오다
noi	potr-**emmo**	vorr-**emmo**	dovr-**emmo**	seguire il tuo consiglio 너의 조언을 따르다
voi	potr-**este**	vorr-**este**	dovr-**este**	stare più attenti 보다 주의 깊게 하다
loro	potr-**ebbero**	vorr-**ebbero**	dovr-**ebbero**	telefonarti 너에게 전화하다

	essere		avere	
io	sarei	pronto 준비된	avrei	fame 배고픔
tu	saresti	qui 여기	avresti	dei soldi 약간의 돈
lui, lei	sarebbe	con me 나와	avrebbe	una casa 집
noi	saremmo	insieme 함께	avremmo	sonno 졸림
voi	sareste	a casa 집에	avreste	un lavoro 일
loro	sarebbero	contenti 만족하는	avrebbero	la macchina 자동차

04 조건법의 용법

① 희망 사항을 완곡하게 표현할 때
② 친절하게 부탁할 때
③ 상대에게 정중히 충고할 때
④ 의혹이나 의심을 표현할 때
⑤ 추측이나 가능성을 표현할 때
⑥ 현재나 미래 사실을 추측하거나 추정하고 싶을 때
⑦ 빈정거림이나 의혹을 표현하고 싶을 때

01 〈보기〉와 같이 바꾸시오.

> 보기
>
> A che ora **ti svegli**? → **Mi sveglio** alle 8.
> 너는 몇 시에 잠에서 깨니? 나는 8시에 잠에서 깬다.

1. A che ora **ti addormenti**? (addormentarsi)

   ______________________ a mezzanotte.

2. Quanto tempo **ti fermi** a Londra? (fermarsi)

   ______________________ un paio di settimane.

3. Quando **ti laurei**? (laurearsi)

   ______________________ a novembre.

4. Quando **ti sposi**? (sposarsi)

   ______________________ il 29 luglio.

02 〈보기〉와 같이 바꾸시오.

> 보기
>
> **Mi sveglio** alle 7. → Anche ieri **mi sono svegliato** alle 7.
> 나는 7시에 잠에서 깬다. 어제도 나는 7시에 잠에서 깼다.

1. **Mi vesto** in fretta. (vestirsi)

   → ______________________

2. **Mi faccio** la barba. (farsi la barba)

   → ______________________

3. **Ti lavi** con l'acqua fredda. (lavarsi)

   → ______________________

4. **Ti dimentichi** di chiudere la porta a chiave. (dimenticarsi)

   → ______________________

03 〈보기〉와 같이 바꾸시오.

보기

A che ora **vi siete svegliati** stamattina? → **Ci siamo svegliati** alle 9.
너희들은 오늘 아침 몇 시에 깼니? 우리들은 9시에 깼다.

1. A che ora **vi siete addormentati** ieri sera? (addormentarsi)

 ______________________ a mezzanotte.

2. Quando **vi siete laureate**? (laurearsi)

 ______________________ il mese scorso.

3. Quanto tempo **vi siete fermati** in Germania? (fermarsi)

 ______________________ una settimana.

4. A che ora **ti sei alzata** stamattina? (alzarsi)

 ______________________ alle 7.

04 〈보기〉와 같이 바꾸시오.

보기

Mi sveglio alle 7. → **Devo svegliarmi** alle 7. / **Mi devo svegliare** alle 7.
나는 7시에 잠에서 깬다. 나는 7시에 잠에서 깨야 한다.

1. **Mi alzo** subito. (alzarsi)

 → ______________________

2. **Mi vesto** in fretta. (vestirisi)

 → ______________________

3. **Ci svegliamo** presto. (svegliarsi)

 → ______________________

4. **Ci facciamo** la doccia. (farsi la doccia)

 → ______________________

Capitolo 10

Da bambina eri molto vivace?

핵심 표현

· Andavi spesso in discoteca quando eri al mare?
너는 바닷가에 있을 때 디스코텍에 자주 가곤 했니?

· Perché c'ero già stata.
이미 거기에 가 봤었기 때문이야.

· Perché non avevamo bisogno di partire per andare al mare.
왜냐하면 바닷가에 가기 위해 떠날 필요가 없었기 때문이야.

· Quella è stata la prima volta che siamo partiti veramente per le vacanze.
그것은 휴가를 보내기 위해 진짜 어디론가 떠난 최초의 여행이었어.

Leaning Tower of Pisa

피사의 사탑

기본회화 ❶

전체듣기 Track 075
따라듣기 Track 076

Mario	Andavi spesso in discoteca quando eri al mare?
Ingrid	Quasi ogni giorno.
Mario	Da bambina eri molto vivace, Ingrid?
Ingrid	No, ero molto tranquilla, adesso sono vivace.

해설

- andavi, eri와 같은 활용 형태를 직설법 불완료 과거라고 한다. 몇 개의 동사를 제외하고는 거의 대부분 규칙 활용을 한다. 의미는 두 가지로 나타나는데 하나는 '~하고 있었다(시간의 영속성이 내재된 과거, 과거의 인물, 사물, 상황의 특성),' 다른 하나는 '~하곤 했다(과거의 규칙적인 습관)'이다.
- 직설법 불완료 과거 규칙 활용 동사

	andare(가다)	leggere(읽다)	dormire(자다)
io	andavo	leggevo	dormivo
tu	andavi	leggevi	dormivi
lui	andava	leggeva	dormiva
noi	andavamo	leggevamo	dormivamo
voi	andavate	leggevate	dormivate
loro	andavano	leggevano	dormivano

- 직설법 불완료 과거 불규칙 활용 동사

	essere(이다, 있다)	fare(하다)
io	ero	facevo
tu	eri	facevi
lui	era	faceva
noi	eravamo	facevamo
voi	eravate	facevate
loro	erano	facevano

- Mentre aspettavo①, è entrata② Lucia.

  내가 기다리고 있는데, 루치아가 들어왔다.
  ①의 상황은 시간의 영속성이 내재되어 있어 불완료 과거형을 사용한 반면, ②는 행위가 완료되었기에 근과거형을 사용했다. 비유하자면 ①은 과거 동영상, ②는 과거 정지영상이다.

본문 해석

마리오	너는 바닷가에 있을 때 디스코텍에 자주 가곤 했니?
잉그리드	거의 매일.
마리오	잉그리드, 너 어렸을 때 무척 쾌활했니?
잉그리드	아니, 아주 얌전했는데 지금은 쾌활해.

그림 보고 말하기

문형 연습

• 너 바닷가에 있을 때, 디스코텍에 자주 가곤 했니?

1 이탈리아에(in Italia) / 피렌체에(a Firenze)
2 뻬루쟈에(a Perugia) / 앗씨시에(a Assisi)
3 밀라노에(a Milano) / 코모 호수에(al lago di Como)

• 어렸을 때 무척 쾌활했는데, 지금은 조용해.

1 뚱뚱했는데(grasso) / 날씬해(magro)
2 긍정적이었는데(ottimista) / 부정적이야(pessimista)
3 폐쇄적이었는데(chiuso) / 개방적이야(aperto)
4 내성적이었는데(introverso) / 외향적이야(estroverso)

새단어

- andavi 너는 ~가곤 했다(andare의 불완료 과거 2인칭 단수)
- spesso 자주, 종종
- eri 너는 ~있었다, 너는 ~였다(essere의 불완료 과거 2인칭 단수)
- al mare 바닷가에
- quasi 거의
- ogni giorno 매일
- da bambina 어렸을 때(여자 어린이)
- vivace 쾌활한
- tranquilla 조용한, 침착한, 얌전한
- adesso 지금

기본회화 ❷

전체듣기 Track 077
따라듣기 Track 078

Daniel	Perché non sei andata al ristorante con Mario ieri sera, Silvia?
Silvia	Non ci sono andata perché avevo già mangiato.
Daniel	E perché non sei andata al cinema?
Silvia	Perché c'ero già stata.

해설

- Non ci sono andata perché avevo già mangiato.: 나는 거기에 가지 않았다. 왜냐하면 이미 먹어 봤었기 때문이다.
  (sono andata: 근과거 / avevo già mangiato: 대과거)

  대과거를 사용한 이유는 '거기에 가지 않았다'라는 사실보다 '이미 먹어봤었다'라는 사실이 시제상 앞서기 때문이다.

- 대과거:avere의 불완료 과거+과거분사(타동사)
  essere의 불완료 과거+과거분사(자동사) (*과거분사 어미는 주어의 성 · 수와 일치)
  avevo già mangiato 나는 이미 먹어 봤었다(직설법 대과거)
  c'ero già stata 나는 이미 거기에 가 봤었다(직설법 대과거)

- perché c'ero già stata.: 나는 이미 거기에 가 봤었기 때문이다.
  (ero già stata: 대과거)

  stare 동사가 자동사이므로 essere 동사의 불완료 과거 형태와 짝을 이루어 문장이 형성되었다. 여기서 주의할 점은 근과거에서와 같이 주어의 성 · 수에 따라 과거분사의 어미가 달라진다는 것이다. 주어가 Silvia이므로 stata가 된 것이다.

본문 해석

다니엘	너는 왜 어제 저녁 마리오와 그 레스토랑에 안 갔니?
씰비아	이미 먹어 봤었기 때문에 거기 안 갔어.
다니엘	그럼 왜 영화관에 안 갔니?
씰비아	왜냐하면 이미 가 봤었거든.

그림 보고 말하기

문형 연습

• 나는 이미 먹어 봤었기 때문에 거기에 가지 않았어.

1 그 영화를 봤었기(avevo già visto quel film) /
영화관에 가지 않았어(non sono andato al cinema)

2 집에서 몇 분 전에 커피를 마셨기(l'avevo già preso pochi minuti prima a casa) /
조금 전에 바에서 커피를 마시지 않았어(poco fa al bar non ho preso il caffè)

새단어

- perché 왜냐하면, 왜, 때문에
- ristorante 레스토랑
- ci 장소부사(al cinema)
- c'ero (ci ero의 축약형)

기본회화 ❸

전체듣기 Track 079
따라듣기 Track 080

Daniel Silvia, tu dove andavi in vacanza da bambina?

Silvia Mah, veramente noi non andavamo in vacanza, perché non avevamo bisogno di partire per andare al mare.

Daniel Beh, chiaro.

Silvia Sì, normalmente l'estate restavamo a casa. I miei genitori avevano una cabina in un lido e così tutte le mattine, andavamo in spiaggia e restavamo lì tutto il giorno.

해설

- avere bisogno di ~: ~할 필요가 있다
- normalmente : mormale(정상적인) 형용사가 부사로 변화되었는데 -mente가 첨가됐다. 정리하면,

  ① -le, -re 어미의 형용사는 모음 -e를 탈락시킨 후 -mente를 붙인다.

  예) regolare(규칙적인) → regolarmente(규칙적으로)

  ② 제1부류 형용사(-o)는 어미를 탈락시킨 후 -amente를 붙인다.

  예) tranquillo(조용한, 얌전한) → tranquillamente(조용하게)

  제2부류 형용사(-e)는 어미를 탈락시킨 후 -emente를 붙인다.

  예) elegante(우아한, 세련된) → elegantemente(우아하게)
- tutte le mattine는 '모든 아침들'이므로 매일 아침을 의미하며, tutta la mattina는 '오전 내내'를 의미한다.
- tutto il giorno는 '하루 종일'을 의미하며, tutti i giorni는 '매일'을 의미한다.

본문 해석

다니엘 씰비아, 어릴 때 너는 어디로 휴가 가곤 했니?

씰비아 음, 정말로 우리는 휴가를 가지 않았어. 왜냐하면 바닷가에 가기 위해 떠날 필요가 없었기 때문이야.

다니엘 아, 그렇구나.

씰비아 그래, 여름에 보통 우리는 집에 있었어. 나의 부모님은 해안가에 방갈로를 가지고 있으셨어. 그래서 매일 아침 해변에 가서 거기서 하루 종일 머물곤 했어.

그림 보고 말하기

문형 연습

• 바닷가에 가기 위해 우리는 떠날 필요가 없었다.

1 수업에 가기 위해 우리는 전철을 탈(prendere la metro per andare a lezione)
2 병원에 가기 위해 우리는 예약할(prenotare per andare dal dottore)
3 기차를 타기 위해 우리는 기차표를 살(comprare i biglietti per prendere il treno)

새단어

- bambina 여자 어린이
- veramente 정말로(vero)
- bisogno 필요성
- genitori 부모님
- cabina 방갈로
- lido 해안
- spiaggia 해안 백사장
- li 거기에, 거기서

기본회화 ❹

전체듣기 Track 081
따라듣기 Track 082

Daniel E non avete mai fatto una vacanza diversa?

Silvia Solo una volta, quando avevo 13 anni, siamo andati una settimana in montagna, in Val d'Aosta, a trovare degli amici di mio padre.

Daniel Ah, è così?

Silvia Sì, è vero, quella è stata la prima volta che siamo partiti veramente per le vacanze.

해설

- avete fatto, siamo andati, è stata, siamo partiti: 근과거 형태
- non ~ mai: 결코 ~이 아니다
- degli amici: degli는 전치사관사처럼 보이는데 여기서는 부분 관사(some)로 쓰여 '몇몇 친구들'을 뜻한다.
- 부분관사 : di + 정관사

del formaggio	약간의 치즈
della carne	약간의 고기
dell'aglio	약간의 마늘
dello yogurt	약간의 요구르트
dei libri	몇 권의 책들
degli studenti	몇 명의 학생들
delle ragazze	몇 명의 소녀들

부분관사가 만들기 어렵다면 'qualche + 단수 명사'로 만들면 된다.

- è stata la prima volta che~: che는 관계대명사이다.

본문 해석

다니엘 그럼 너희들은 한 번도 다른 휴가를 즐겨보지 못했니?

씰비아 딱 한 번. 내가 13살 때 나의 아버지 친구 분들을 만나기 위해 발 다오스타 주에 위치한 산에 가서 일주일 있었어.

다니엘 아 그래?

씰비아 그래 맞아. 그것은 휴가를 보내기 위해 진짜 어디론가 떠난 최초의 여행이었어.

그림 보고 말하기

문형 연습

- 내가 13살 때, 우리는 일주일 동안 산에 갔다.

1 1998년에(nel 1998) / 나는 스키 타러 갔다(andare a sciare)
2 어릴 때(da bambino/a) / 나는 바닷가에 가곤 했다(andare al mare)
3 6년 전에(6 anni fa) / 나는 이탈리아에 있었다(stare in Italia)
4 학교 다닐 때(a scuola) / 나는 매우 지루해했다(annoiarsi molta)

새단어

- diversa 다른, 색다른
- volta 회, 번(time)
- trovare 만나다, 찾다
- la prima volta 첫 번째, 최초

문법

직설법 시제 정리

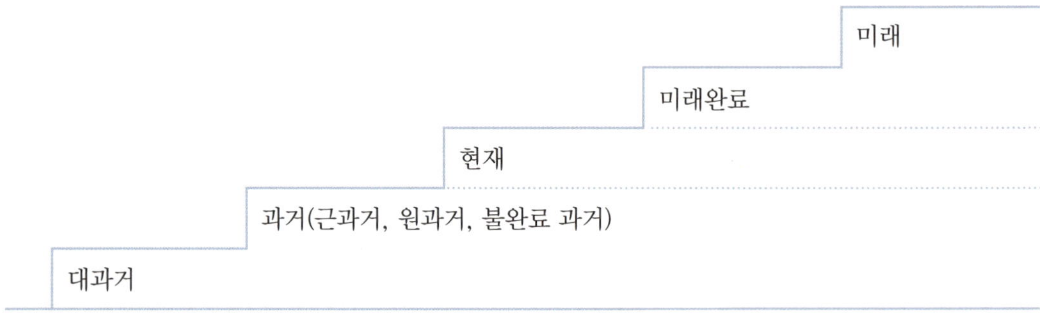

01 현재 시제 : -are, -ere, -ire 동사는 주어에 따라 규칙 활용한다.
불규칙 활용 동사(avere, essere, …)는 반드시 알고 있어야 한다.

02 근과거 시제 : 최근에 결론지어진 과거의 행위 표현

avere 현재 + 타동사 과거분사
essere 현재 + 자동사 과거분사(주어의 성 · 수에 따라 어미 일치)

03 불완료 과거 시제 : 불명확한 지속성을 내포한 과거 행위, 과거의 규칙적인 습관, 인물 · 사물 · 상황의 특성을 표현

04 대과거 시제 : 주절의 시제가 과거 시제(근과거, 원과거, 불완료 과거) 가운데 하나일 때, 단 1초라도 먼저 발생했다면 대과거를 쓴다.

Non ci sono andato perché avevo già mangiato. (나는 거기 가지 않았다. 왜냐하면 이미 먹어 봤었기 때문에)
근과거 대과거
avere 불완료 과거 + 타동사의 과거분사
essere 불완료 과거 + 자동사의 과거분사(주어의 성 · 수에 따라 어미 일치)

05 미래 완료 시제 : 주절과 종속절이 모두 미래에 일어날 사건인 경우, 단 1초라도 먼저 일어날 일은 미래 완료로 쓴다.

Tornerò in Corea dopo che avrò dato l'esame. (나는 시험을 본 후, 한국에 돌아갈 것이다.)
미래 미래 완료
avere 미래 + 타동사의 과거분사
essere 미래 + 자동사의 과거분사(주어의 성 · 수에 따라 어미 일치)

06 원과거 : 완료 과거 시제 중의 하나로서 비교적 먼 과거에 발생한 사건을 서술할 때 사용한다. 주로 역사 서술에 쓰이는데 근과거와 비교하자면 원과거는 빛바랜 사진, 근과거는 최근에 찍은 사진, 불완료 과거는 동영상이라 할 수 있다. 회화에서는 원과거가 잘 쓰이지 않고 근과거로 대신하는 것이 일반적이다.

단순 시제와 복합 시제

- 미래, 현재, 불완료 과거, 원과거를 단순 시제라고 한다. 왜냐하면 동사원형을 단순 활용하여 사용하기 때문이다.
- 반면 복합 시제는 조동사 avere 혹은 essere가 과거분사와 함께 문장을 만들기 때문에 복합 시제라고 한다. 미래완료, 근과거, 대과거가 여기에 속한다.

근과거, 원과거, 불완료 과거의 관계

- 근과거, 원과거, 불완료 과거를 '과거 3형제'라고 부를 수 있다. 형제도 모두 성격이 다르듯이 이들도 각자 독특한 성격을 지닌다. 근과거, 원과거는 완료 시제이지만 행위가 완료된 시점이 가까운지 먼지에 따라 차이가 있다.
  반면 불완료 과거는 말 그대로 완료되지 못한 과거 시제이다. 불명확한 지속성, 시간의 영속성, 과거 인물 · 사건 · 상황의 특성, 과거의 규칙적인 습관 등을 표현할 때 사용한다.

01 〈보기〉와 같이 바꾸시오.

보기

Mentre **dormo**, **suona** la sveglia. → Mentre **dormivo**, **è suonata** la sveglia.
내가 잠을 자는데 자명종이 울린다. 내가 잠을 자는데 자명종이 울렸다.

1. Mentre **mangio**, **arrivano** i miei amici.

→

2. Mentre Paolo **esce**, **suona** il telefono.

→

3. Mentre **leggo** il giornale, **bussano** alla porta.

→

4. Mentre **telefoniamo** a Stefano, lui **arriva**.

→

02 〈보기〉와 같이 바꾸시오.

보기

Mentre **mangio, guardo** la TV. → Mentre **mangiavo, guardavo** la TV.
나는 식사를 하면서 TV를 본다. 나는 식사를 하면서 TV를 보고 있었다.

1. Mentre **aspetta** l’autobus, Lorenzo **legge** il giornale.

→

2. Mentre **ascoltano** il professore, gli studenti **prendono** appunti.

→

3. Mentre Gabriella **parla**, io **penso** ad altre cose.

→

4. Mentre i bambini **studiano**, Marina **guarda** la TV.

→

03 〈보기〉와 같이 답하시오.

보기

Che cosa **facevi** quando **hanno bussato** alla porta?(dormire)
그들이 문을 노크했을 때 너는 무엇을 하고 있었니?
→ Quando **hanno bussato** alla porta, **dormivo**.
그들이 문을 노크했을 때 나는 잠을 자고 있었다.

1. Che cosa **facevi** quando **è suonato** il telefono? (mangiare)

   → ______________________________

2. Che cosa **facevi** quando Antonio **è tornato**? (dormire)

   → ______________________________

3. Che cosa **facevi** quando Giovanni **ha telefonato**? (studiare)

   → ______________________________

4. Che cosa **facevi** quando i bambini **sono arrivati** a casa? (ascoltare la musica)

   → ______________________________

04 〈보기〉와 같이 바꾸시오.

보기

Paola non (uscire) ____________ perché (avere) ____________ mal di testa
→ Paola non **è uscita** perché **aveva** mal di testa.
파올라는 머리가 아파서 외출하지 않았다.

1. Giorgio non (**telefonare**) ____________ a Pina perché non (**sapere**) ____________ il numero.
2. I bambini non (**mangiare**) ____________ la carne perché non (**avere**) ____________ fame.
3. Maria non (**andare**) ____________ a lezione perché (**stare**) ____________ male.
4. I ragazzi stanotte (**addormentarsi**) ____________ tardi perché non (**avere**) ____________ sonno.
5. Marta non (**aspettare**) ____________ Ivo perché (**avere**) ____________ fretta.
6. Carlo (**andare**) ____________ al bar perché (**volere**) ____________ bere una birra.

Capitolo 11

Avete un tavolo libero?

al ristorante 식당에서

핵심 표현

· Va bene questo tavolo?
이 테이블 괜찮습니까?

· Per me zuppa di mare.
저는 해물 수프 주세요.

· Io salto il primo.
저는 첫 번째 요리는 건너뛰겠습니다.

· Per secondo vorrei una bistecca ai ferri.
두 번째 요리로 비프스테이크 주세요.

Arco della Pace a Milano

밀라노 평화의 문

기본회화

전체듣기 Track 083
따라듣기 Track 084

Cameriere Buonasera.

Mario Buonasera, avete un tavolo libero?

Cameriere Va bene questo tavolo?

Mario Sì, va benissimo.

(……)

Cameriere Hanno scelto?

Mario Per me zuppa di mare, e tu Ingrid?

Ingrid Io salto il primo; vorrei il maialino al forno e per contorno un'insalata.

Mario Io per secondo vorrei una bistecca ai ferri e patate al forno.

Cameriere Prendono il dolce?

Ingrid Io vorrei un tiramisù e tu Mario?

Mario Io una fetta di torta al limone.

Cameriere E da bere? Vino bianco o vino rosso?

Mario Vino bianco e acqua minerale naturale.

해설

- avete un tavolo libero?에서 웨이터를 존대하여 voi에 대한 활용으로 사용했다. 존칭은 Lei와 Loro가 있으나 간혹 Voi를 사용하기도 한다.
- benissimo는 bene의 절대적 최상급이다. 형용사나 부사에 –issimo 어미를 붙여 최상급을 만든다.
- 절대적 최상급

alto	comodo	intelligente	male	tardi
altissimo	comodissimo	intelligentissimo	malissimo	tardissimo
아주 높은	아주 편리한	아주 똑똑한	아주 나쁘게	아주 늦게

- Io salto il primo(piatto): 첫 번째 요리(pasta로서 밀가루 음식의 총칭)는 건너뛰겠다.
- Vorrei: volere(원하다)의 조건법 활용으로서 예의를 갖출 경우 사용한다.
(io) vorrei, (tu) vorresti, (lui) vorrebbe, (noi) vorremmo, (voi) vorreste, (loro) vorrebbero

- 식사와 관련된 표현
  - colazione(아침 식사)
  - pranzo(점심 식사)
  - cena(저녁 식사)
  - spuntino(오전 간식)
  - merenda(오후 간식)

- E da bere? 그런데 마실 것은 (무엇으로 하시겠습니까)?
  da mangiare(먹을 것)
  da fare(할 것, 할 일)

  여기서 전치사 'da'는 목적을 내포한다. 그리고 qualcosa(어떤 것)이 생략되었다.
  즉, (qualcosa) da bere, (qualcosa) da mangiare, (qualcosa) da fare이다.

- ~al forno, ~ai ferri, ~al limone: 전치사 'a'는 방식 혹은 첨가의 의미가 있다.

본문 해석

웨이터　안녕하십니까.
마리오　안녕하세요. 빈 테이블 있나요?
웨이터　이 테이블 괜찮습니까?
마리오　네, 아주 좋습니다.

(……)

웨이터　선택하셨나요?
마리오　저는 해물 수프 주세요. 그런데 잉그리드 너는?
잉그리드　첫 번째 요리는 건너뛰겠어. 오븐에 구운 어린 돼지고기와 샐러드 주세요.
마리오　저는 두 번째 요리로 비프스테이크와 오븐에 구운 감자 주세요.
웨이터　돌체 드시겠습니까?
잉그리드　전 티라미수 주세요. 마리오 너는?
마리오　레몬 케이크 한 조각 주세요.
웨이터　그런데 마실 것은 무엇으로 하시겠습니까? 백포도주 드릴까요, 적포도주 드릴까요?
마리오　백포도주와 자연 생수 주세요.

그림 보고 말하기

문형 연습

• A: 이 테이블 괜찮습니까?
  B: 네, 아주 좋습니다.

1 이런 유형(questo tipo)
2 이 옷(questo vestito)
3 이 가방(questa borsa)
4 이 식당(questo ristorante)

• 저는 해물 수프를 주세요.

1 까르보나라 스파게티(gli spaghetti alla carbonara)
2 그릴에 구운 갈비(la costata alla griglia)
3 감자 튀김(le patate fritte)
4 해물 쌀 요리(il risotto ai frutti di mare)

새단어

- cameriere 웨이터
- scelto 선택했다(scegliere의 과거분사)
- zuppa 수프
- salto 나는 건너뛴다(saltare의 1인칭 단수)
- il maialino 어린 돼지고기
- contorno (고기와 곁들여 먹는)음식
- insalata 샐러드
- bistecca ai ferri 비프스테이크
- patate 감자
- al forno 오븐에 구운
- prendono 먹는다(prendere의 3인칭 복수, 여기서는 복수 존칭)
- dolce 돌체(디저트)
- tiramisù 티라미수(디저트의 한 종류)
- fetta 조각
- torta al limone 레몬 케이크
- da bere 마실 것
- vino bianco 백포도주
- vino rosso 적포도주

연습문제 조건법 현재, 절대적 최상급

01 〈보기〉와 같이 바꿔 쓰시오.

보기

Ho voglia di guardare la TV. → **Guarderei** volentieri la TV.
나는 TV를 보고 싶다. → 나는 정말 TV를 보고 싶다.

1. **Ho voglia di ascoltare** la musica.

   →

2. **Ho voglia di giocare** a carte.

   →

3. **Ho voglia di leggere** un libro.

   →

4. **Ho voglia di prendere** un caffè

   →

02 〈보기〉와 같이 문장을 완성하시오.

보기

Io-**andare**-al mare. → **Andrei** al mare.
나는 정말 바다에 가고 싶다.

1. Io-**vedere**-Mario.

   →

2. Tu-**venire**-da noi?

   →

3. Lui-**bere**-una birra.

   →

4. Lei-**andare**-in vacanza.

   →

연습문제 조건법 현재, 절대적 최상급

03 〈보기〉와 같이 문장을 완성하시오.

> 보기
>
> Ho fame. (**mangiare** un panino) → **Mangerei** volentieri un panino.
> 나는 배고프다. 나는 정말로 샌드위치 하나 먹고 싶다.

1. Ho sete. (**bere** una birra)

   → ______________________

2. Ho sonno. (**dormire** ancora un po')

   → ______________________

3. Sono stanco. (**fare** un pisolino)

   → ______________________

4. Sto male. (**restare** a casa)

   → ______________________

04 〈보기〉와 같이 바꾸시오.

> 보기
>
> **Ho voglia di restare** solo. → **Resterei** volentieri solo.
> 나는 혼자 있고 싶다. 나는 정말로 혼자 있고 싶다.

1. **Ho voglia di mangiare** un gelato.

   → ______________________

2. Giorgia **ha voglia di uscire** un po'.

   → ______________________

3. **Abbiamo voglia di rimanere** a casa.

   → ______________________

4. **Ho voglia di comprare** l'ultimo CD di Lucio Dalla.

   → ______________________

문화 한마디

이탈리아 식생활

이탈리아 사람들의 전통적인 식사 습관은 하루에 5끼를 먹는 것이 일반적이다. 아침(colazione) → 간식(spuntino) → 점심(pranzo) → 간식(merenda) → 저녁(cena)

1. 아침 식사(오전 7시) : 커피 한 잔(카페라테나 에스프레소)에 파스타 한 조각을 곁들이는 정도로 먹으며 Bar에서 아침을 때우는 사람들을 흔히 볼 수 있다.
2. 간식(오전 11시) : 아침을 간단하게 먹어 점심 시간 전에 빵이나 피자, 샐러드 등을 먹는다.
3. 점심 식사(오후 1시~오후 3시) : 한낮에 낮잠을 자는 '시에스타'가 있기 때문에 점심 식사는 느긋하게 정식으로 즐긴다.
4. 간식(오후 5시) : 일반 상점은 대개 4시를 전후해서 영업을 재개한다. 그래서 이때 피자나 파스타 등을 먹는다.
5. 저녁 식사(오후 8시) : 외부 활동을 끝내고 집으로 돌아온 가족이 모두 모여 함께 하는 것을 중요하게 여긴다. 식사와 함께 와인을 즐기기도 한다.

정식 코스

antipasto(안띠빠스또, 전채 요리) → zuppa e minestrone(줍빠 에 미네스뜨로네, 수프류) → primo piatto(쁘리모 삐앗또, 파스타) → secondo piatto(세꼰도 삐앗또, 고기 · 생선 요리) → dolce(돌체, 디저트)

여기에 샐러드나 감자튀김 같은 contorno를 곁들인다. vino bianco(백포도주), vino rosso(적포도주) 그리고 acqua minerale(생수), caffè(커피) 등도 빼놓을 수 없다.

바쁘게 살아가는 요즘은 이렇게 5끼를 챙겨 먹는 사람들이 점점 줄어들고 있다. 하지만 이 습관을 통해서 이탈리아 사람들이 본래 낙천적이고 여유가 있다는 걸 알 수 있다.

Capitolo 12

Vorrei un'informazione

biglietteria 매표소에서

핵심 표현

- Vorrei un'informazione.
  하나 여쭤 봐도 될까요?
- C'è un treno per Milano?
  밀라노행 기차 있나요?
- È necessario prenotare?
  예약이 필요한가요?
- A che ora vuole partire?
  몇 시에 출발하고 싶으세요?

Fontana Pretoria a Palermo in Sicilia

시칠리아 팔레르모 프레토리아 분수

기본회화

전체듣기 Track 085
따라듣기 Track 086

Biglietteria	Buongiorno.
Bosun	Buongiorno, vorrei un'informazione.
Biglietteria	Sì, prego!
Bosun	C'è un treno per Milano che arriva in mattinata?
Biglietteria	Sì, dunque, c'è l'Eurostar che parte da Termini.
Bosun	È necessario prenotare?
Biglietteria	Beh sì, venerdì sabato e domenica è obbligatoria la prenotazione. A che ora vuole partire?
Bosun	Verso le otto.

해설

- vorrei : volere(원하다)의 조건법 활용으로 예의를 갖춘 표현이다.
- c'è un treno per Milano che~ 에서 che는 관계대명사 기능을 한다.
- È necessario prenotare: 동사원형인 prenotare가 주어이다.
- 관계대명사 : che/ il quale, la quale, i quali, le quali / cui

1) che

Quella maglietta **che** hai comprato, non mi piace per niente.
네가 구입한 티셔츠는 내 마음에 전혀 들지 않는다.
Ma chi è questa tua amica **che** viene a cena da noi stasera?
도대체 우리집에 저녁 먹으러 오는 너의 여자 친구는 누구니?

2) il quale, la quale, i quali, le quali

관계대명사 che를 대신할 수 있다. 성 · 수를 구분할 수 있어서 선행사를 명확하게 찾을 수 있다.
'Ma chi è questa tua amica **la quale** viene a cena da noi stasera.'에서와 같이 che 대신 la quale를 사용할 수 있으며 선행사가 amica임을 쉽게 알 수 있다.

3) cui

항상 전치사와 함께 쓰인다.
La persona **con cui** (con la quale) ho parlato è il capo.
내가 함께 이야기한 사람은 사장님이다.
cui는 persona를 대신한다고 볼 수 있다.

■ 기차와 관련된 표현

- 흡연칸 fumatori
- 금연칸 non fumatori
- 시간표 l'orario
- 이 열차의 좌석을 예약하고 싶어요. Vorrei prenotare un posto su questo treno.
- 식당칸이 있나요? C'è un vagone ristorante?
- 침대칸이 있나요? C'è un vagone letto?
- 이 표를 취소할 수 있나요? Si può annullare questo biglietto?
- 어디서 갈아타야 하나요? Dove devo cambiare?
- 로마까지 얼마나 걸리나요? Quanto tempo ci vuole per andare a Roma?
- 몇 시에 떠납니까? A che ora parte?

본문 해석

매표소	안녕하세요.
보선	안녕하세요. 하나 여쭤 봐도 되죠?
매표소	네 말씀하세요.
보선	오전에 도착하는 밀라노행 기차 있나요?
매표소	네, 볼까요. 로마 테르미니 역에서 출발하는 유로스타가 있습니다.
보선	예약이 필요한가요?
매표소	그렇습니다. 금요일, 토요일, 일요일은 예약이 필수입니다. 몇 시에 출발하고 싶으세요?
보선	8시쯤이요.

그림 보고 말하기

문형 연습

• 아침에 도착하는 밀라노행 기차 있나요?

1 저녁에(in serata) / 로마(per Roma)
2 오후에(in pomeriggio) / 나폴리(per Napoli)

• 몇 시에 출발하고 싶으세요?

1 도착하고(arrivare)
2 열고(aprire)
3 닫고(chiudere)
4 나가고(uscire)

새단어

- informazione 정보
- treno 기차
- mattinata 아침, 오전
- Termini 로마 중앙역
- necessario 필요한
- prenotare 예약하다
- venderdì 금요일
- sabato 토요일
- domenica 일요일
- obbligatoria 의무적인
- prenotazione 예약

연습문제 형용사 성 · 수 일치, 지시형용사, 규칙 활용 동사, c'è / ci sono

01 〈보기〉와 같이 답하시오.

보기

La frase difficile. → **Le frasi** difficili.
어려운 문장 어려운 문장들

1. **Lo spettacolo** divertente.

   → ______________________

2. **Lo zaino** nuovo.

   → ______________________

3. **L'attore** francese.

   → ______________________

4. **Il cantante** americano.

   → ______________________

02 〈보기〉와 같이 바꾸시오.

보기

Questa lezione è molto **interessante**. 이 수업은 매우 흥미롭다.
→ **Queste lezioni** sono molto **interessanti**. 이 수업들은 매우 흥미롭다.

1. **Questo studente** è molto **intelligente**.

   → ______________________

2. **Questo ragazzo** è molto **gentile**.

   → ______________________

3. **Questo documento** è molto **importante**.

   → ______________________

4. **Questo vestito** è molto **caro**.

   → ______________________

03 〈보기〉와 같이 바꾸시오.

보기

Io **lavoro** in banca. → Noi **lavoriamo** in fabbrica.
나는 은행에서 일한다. 우리는 공장에서 일한다.

1. Tu **parti** domani.

   Voi ______________ stasera.

2. Pietro **apre** la porta.

   Paolo e Gianni ______________ la finestra.

3. Martina **ascolta** la musica classica.

   Maria e Michele ______________ la musica leggera.

4. Il signor Fioretto **prende** sempre l'autobus.

   I signori Corsetti ______________ sempre la macchina.

04 〈보기〉와 같이 완성하시오.

보기

Nell'aula/Ingrid → Nell'aula **c'è** Ingrid.
강의실에 잉그리드가 있다.

Nell'aula/Ingrid e Robert → Nell'aula **ci sono** Ingrid e Robert.
강의실에 잉그리드와 로베르뜨가 있다.

1. Sul banco/il libro di Ingrid

   → ______________________________

2. Sul tavolo/il telefonino di Giorgio.

   → ______________________________

3. Nella borsa/i soldi

   → ______________________________

4. Nella borsa/il portafoglio

   → ______________________________

문화 한마디

이탈리아 기차역

기차역에 들어가면 시간표가 붙어 있는 것을 볼 수 있다. 로마행 기차표를 샀다면 먼저 [TRENI IN PARTENZA(출발 기차)]를 보고 시간과 플랫폼(Binario)을 확인한 후 그곳으로 가면 된다. 반대로, 누군가를 마중하러 간다면 [TRENI IN ARRIVO(도착 기차)]를 확인한 후 플랫폼에 가서 기다리면 된다. 간혹 출발, 도착 홈이 바뀌는 경우가 있으니 주의해야 한다.

기차역에 도착하여 시간을 확인하고 표를 산 다음에는 출발/도착 시간표에 나와 있는 플랫폼을 찾아간다. 플랫폼마다 노란 통이 설치돼 있는데 여기에 티켓의 양 옆에 CONVALIDA라고 쓰인 화살표 부분을 넣어서 탑승 일자와 시간이 찍히도록 해야 한다. 그렇지 않으면 기차 안에서 검표 받을 때 벌금을 무는 등 불이익을 당할 수 있다.

열차 구도는 복도식, 전방식, 양방식, 이층식 등으로 다양하며 1등 칸, 2등 칸이 기관차에 모두 연결되어 있어 선택하여 탑승할 수 있다. 최근에는 KTX와 같은 Freccia Rossa 고속 열차가 주로 이용되기도 한다.

한편 유로스타는 유럽의 주요 도시를 운행하는, 이탈리아의 TGV(떼제베)라고 생각하면 된다. 이밖에도 이탈리아 주요 도시를 운행하는 'Inter City', 주요 지방 소도시에도 정차하는 'IR', 역마다 정차하는 'R'이 있다. 예를 들어 밀라노에서 피렌체로 가려면 'Inter City'를 타면 된다.

- □ ES(EURO STAR) : 가장 빠른 특급 열차
- □ IC(INTER CITY) : 몇 개의 역을 정차하는 준특급 열차
- □ DIR(DIRETTO) : 많은 역을 정차하는 열차
- □ LOCALE : 모든 역을 정차하는 열차

Capitolo 13

Vorrei una camera

All'albergo 호텔에서

핵심 표현

· Vorrei una camera.
방 하나 주세요.

· Qual è il prezzo?
얼마지요?

· Quanti giorni si ferma?
며칠 머무르실 건가요?

· Ecco il passaporto.
여기 여권 있습니다.

Cattedrale in Sicilia

시칠리아 팔레르모 대성당

기본회화

전체듣기 Track 087
따라듣기 Track 088

Portiere	Buonasera, signore!
Bosun	Vorrei una camera.
Portiere	Abbiamo una doppia con bagno e una singola senza bagno.
Bosun	Qual è il prezzo?
Portiere	70 euro la doppia e 60 euro la singola.
Bosun	Va bene la doppia.
Portiere	Quanti giorni si ferma?
Bosun	Una settimana.
Portiere	Ha un documento, per favore?
Bosun	Ecco il passaporto.

해설

■ 조건법 현재

	volere(원하다)		
io	vorrei	noi	vorremmo
tu	vorresti	voi	vorreste
lui	vorrebbe	loro	vorrebbero

■ Quanti giorni si(yourself) ferma(stay)? (직역) 며칠간 당신은 당신 자신을 머물게 하실 건가요?

주어와 목적어가 동일한 경우를 재귀형태라고 한다.

■ 재귀동사 활용

	fermarsi(머무르다)				
io	mi	fermo	noi	ci	fermiamo
tu	ti	fermi	voi	vi	fermate
lui	si	ferma	loro	si	fermano

* mi(myself), ti(yourself), si(himself, herself, Yourself (당신 자신)), ci(ourselves), vi(yourselves), si(themselves)

■ 호텔 관련 표현

- 접수(프런트 데스크) la registrazione
- 체크아웃 시간은 몇 시인가요? A che ora devo lasciare la camera?
- 귀중품 보관을 해 주시나요? Posso lasciare in custodia qualche oggetto di valore?
- 이 짐을 맡아 주실 수 있나요? Posso lasciare in deposito questa valigia?
- 맡긴 짐을 찾고 싶은데요. Vorrei ritirare la valigia lasciata in deposito.
- 2박 3일 투숙하겠습니다. 금요일부터 일요일까지요.
  Per due notti. Da venerdì a domennica.
- 어느 분 이름으로 예약하시겠습니까? A che nome, scusi?
- 차고는 있나요? Avete il garage?
- 방에 에어컨은 있나요? Avete l'aria condizionata in camera?
- 죄송합니다만, 동물을 데리고 가도 되나요? Scusi, è possibile portare animali?
- 죄송합니다만, 이불 하나 더 받을 수 있나요? Scusi, è possibile avere un'altra coperta?
- 문제가 있어요. 히터가 작동하지 않습니다.
  Avrei un problema: qui c'è il riscaldamento che non funziona.
- 여기 베개가 하나 부족해요. Qui manca un cuscino.
- 여기 수건이 부족해요. Qui mancano gli ascugamani.
- 저기요, 128호 방에서 전화합니다. 문제가 생겼어요.
  Senta, chiamo dalla camera 128. Avrei un problema.

본문 해석

프런트 데스크 직원	안녕하세요, 손님!
보선	방 하나 주세요.
프런트 데스크 직원	욕실이 딸린 더블룸과 욕실이 없는 싱글룸이 있습니다.
보선	얼마지요?
프런트 데스크 직원	더블룸은 70유로이고, 싱글룸은 60유로입니다.
보선	더블룸으로 하겠습니다.
프런트 데스크 직원	며칠 머무르실건가요?
보선	일주일입니다.
프런트 데스크 직원	신분증명서 갖고 계신가요?
보선	여기 여권 있습니다.

그림 보고 말하기

문형 연습

• 방 하나 주세요.

1 1유로짜리 우표 한 장(un francobollo da 1 euro)
2 수입인지 한 장(una marca da bollo)
3 10유로짜리 전화카드
(una carta telefonica da 10euro)
4 티켓 한 장(un biglietto)
5 맥주 한 잔(una birra)
6 몇 가지 정보(delle informazioni)

• 여권 있으세요?

1 1유로짜리 동전(una moneta da 1euro)
2 체류허가증(il permesso di soggiorno)
3 운전면허증(la patente di guida)

새단어

- □ portiere 프런트 데스크 직원
- □ vorrei 나는 ~고 싶다, ~주세요(volere의 조건법)
- □ camera 방
- □ doppia 더블룸
- □ con bagno 욕실 딸린
- □ singola 싱글룸
- □ senza bagno 욕실 없는
- □ il prezzo 가격
- □ va bene 좋아요(O.K.)
- □ quanti giorni 며칠
- □ si ferma 머물다(fermarsi의 3인칭 단수)
- □ una settimana 일주일
- □ un documento 서류, 신분증명서
- □ ecco 여기 ~가 있다(here is~)
- □ il passaporto 여권

01 〈보기〉와 같이 완성하시오.

보기

Ho fame. (**mangiare** un panino) → **Mangerei** volentieri un panino.
나는 배고프다. 나는 정말로 샌드위치 하나 먹고 싶다.

1. Stasera c'è una festa. (**comprare** un vestito nuovo)

→ ____________________

2. Ho studiato troppo. (**guardare** un po' di TV)

→ ____________________

3. Ho bisogno di rilassarmi. (**ascoltare** un po' di musica)

→ ____________________

4. Ho voglia di parlare con qualcuno. (**fare** quattro chiacchiere con Anna)

→ ____________________

02 〈보기〉와 같이 바꾸시오.

보기

Ho voglia di restare solo. → **Resterei** volentieri solo.
나는 혼자 있고 싶다. 나는 정말로 혼자 있고 싶다.

1. Tu **hai voglia di dormire** fino a tardi?

→ ____________________

2. Franco **ha voglia di cambiare** lavoro.

→ ____________________

3. **Abbiamo voglia di prendere** qualche giorno di ferie.

→ ____________________

4. **Ho voglia di scrivere** a Stefano.

→ ____________________

연습문제 조건법 현재, 재귀동사 현재 / 근과거

03 〈보기〉와 같이 답하시오.

보기

A che ora **ti svegli**? – **Mi sveglio** alle 8.
너는 몇시에 잠에서 깨니? 나는 8시에 잠에서 깬다.

1. **Vi divertite** a questa festa? (divertirsi)

   Sì, ______________________________ molto.

2. Quanto tempo **vi fermate** a Firenze? (fermarsi)

   ______________________________ sempre un giorno.

3. Come **si trova** Adriana in questa città? (trovarsi)

   ______________________________ molto bene.

4. Fino a che ora **si riposano** i tuoi genitori? (riposarsi)

   ______________________________ fino alle 16.

04 〈보기〉와 같이 바꾸시오.

보기

Mi sveglio alle 7. → Anche ieri **mi sono svegliato** alle 7.
나는 7시에 잠에서 깬다. 어제도 나는 7시에 잠에서 깼다.

1. Maria **si annoia** davanti alla TV. (annoiarsi)

   → ______________________________

2. Maria **si trucca** in fretta. (truccarsi)

   → ______________________________

3. Noi **ci laviamo** i capelli. (lavarsi i capelli)

   → ______________________________

4. Mario e Giorgio **si svegliano** alle7. (svegliarsi)

   → ______________________________

문화 한마디

콜로세움

원래 플라비아누스 원형 경기장으로 불렸던 콜로세움은 로마제국의 베스타시아누스 황제 때 건설을 시작하여 티투스 황제 때 완성된 원형 경기장이다. 콘크리트와 석재로 만들어져 3층 구조로 되어 있으며 이 경기장에서는 검투사 경기가 열리거나 맹수와 인간의 싸움, 전투 장면의 재연을 보여 주기도 하였다.

트레비 분수

트레비 분수는 로마에서 가장 유명한 분수이다. Nicola Salvi가 디자인한 이 분수는 팔라초 폴리(Palazzo Poli) 건물의 한쪽 벽면에 조각돼 있는데 이는 후기 바로크 양식이 최고조에 달했던 때의 화려함을 보여 준다. 높이 26m, 너비 20m의 트레비 분수의 물은 로마에서 22km 떨어진 살로네 샘에서 오는 것이다.

분수 가운데에는 풍요로움과 평화로움을 상징하는 트리톤이 이끄는 전차 위에 바다의 신 넵투누스가 거대한 조개를 밟고 서 있으며, 주위의 거암거석 사이에서 끊임없이 물이 흘러나와 연못을 이룬다. 트레비(Trevi)란 말은 분수 주위로 3개의 길이 나 있던 데에서 유래한 것이다. 트레비 분수에 동전을 던지는 것이 하나의 관습인데, 첫 번째 동전을 던져 넣으면 로마를 다시 방문할 수 있고, 두 번째 동전을 던져 넣으면 소원을 빌 수 있다는 속설이 있다.

바티칸 미술관

바티칸 미술관은 바티칸시국 안에 있는 성당, 궁전, 미술관, 박물관 모두를 말하는 것이다. 교황 율리오 2세에 의해 설립되었으며 시스티나 성당에 있는 미켈란젤로의 대표작인 '천지창조'와 '최후의 심판'은 바티칸 미술관에서 가장 유명한 작품이다. 바티칸 회화관에는 미켈란젤로, 라파엘로 등의 작품이 전시되어 있고, 한편에는 벨베데레의 안뜰을 둘러싼 조각 미술관들이 있다.

Capitolo 14

Qual è il cambio del dollaro, oggi?

Allo sportello del cambio 환전소 창구에서

핵심 표현

· Qual è il cambio del dollaro, oggi?
오늘 달러 환율이 어떤가요?

· Allora vorrei cambiare 200 dollari.
그러면 200달러 바꾸고 싶은데요.

· Che tagli preferisce?
얼마짜리 화폐로 드릴까요?

· Sì, ce l'ho. Eccolo!
네, 갖고 있어요. 여기 있습니다!

Basilica di Santa Maria della Salute

산타 마리아 살루테 대성당

기본회화

전체듣기 Track 089
따라듣기 Track 090

Bosun	Scusi, qual è il cambio del dollaro, oggi?
Impiegata	Zero virgola novanta quattro(0,94) euro.
Bosun	Allora vorrei cambiare duecento(200) dollari.
Impiegata	Che tagli preferisce?
Bosun	Nove biglietti da 20euro e il resto in biglietti da 1euro.
Impiegata	Ha il passaporto?
Bosun	Sì, ce l'ho. Eccolo!
Impiegata	Qual è il Suo indirizzo in Italia?
Bosun	Via Uccelino 74, Ferrara.
Impiegata	Vuole firmare questa ricevuta, per favore?
Bosun	Grazie!

해설

- 0,94: 한국어로는 소수를 '점'으로 구분하여 0.94(영 점 구사)로 읽지만, 이탈리아에서는 virgola(,)로 읽는다.
- Allora vorrei cambiare ~: volere 동사 뒤에 동사원형(cambiare) 또는 명사가 온다.
  예) Vorrei un biglietto per Napoli, per favore! 나폴리행 표 한 장 주세요!
- nove biglietti da 20
  (da = 짜리)
- 삽입사 –isc–가 들어가는 동사

	preferire(선호하다)	capire(이해하다)	spedire(보내다)
io	preferisco	capisco	spedisco
tu	preferisci	capisci	spedisci
lui	preferisce	capisce	spedisce
noi	preferiamo	capiamo	spediamo
voi	preferite	capite	spedite
loro	preferiscono	capiscono	spediscono

* 삽입사 -isc-가 들어가는 -ire 동사는 대부분 끝에서 다섯 번째 문자가 모음인 경우이다.

- ce l'ho: ci lo ho의 축약 형태로서 ci는 장소부사, lo는 직접대명사(il passaporto를 대신함)이다. 그런데 ci → ce로 된 것은 뒤따르는 lo의 영향으로 발음을 쉽게 하기 위해 모음동화된 것이다.
- eccolo: 여권 여기 있습니다
  eccola, eccoli, eccole 등의 형태도 알아두어야 한다. la(여성 단수), li(남성 복수), le(여성 복수)로 대신한다.

- scusi: scusare(용서하다)의 Lei에 대한 명령형이다. 이것을 존칭명령이라고 한다.

긍정명령형 규칙 형태

	-are	-ere	-ire	
(tu)	-a	-i	-i	-a를 제외하면, 직설법 현재 활용 어미와 동일
(voi)	-ate	-ete	-ite	
(noi)	-iamo	-iamo	-iamo	
(Lei)	-i	-a	-a	접속법 현재 활용 어미와 동일
(Loro)	-ino	-ano	-ano	

* 간혹 Lei에 대한 존칭명령형을 대신하여, 만들기 쉬운 voi에 대한 명령형이 쓰이기도 한다.

- 부정명령형 형태

① Tu 부정명령 = Non + 동사원형

예) Non fumare! 담배 피우지 마라!

② Noi, Voi, Lei, Loro 부정명령 = Non + 긍정명령

예) (Noi) Non facciamo! 우리 하지 말자!

(Voi) Non dimenticate di spegnere il gas! 너희들 가스 끄는 것을 잊지 마라!

(Lei) Non fumi! 담배 피우지 마세요!

- 접속법

주절의 동사가 불확실성, 주관성을 표현할 때, 종속절의 동사를 접속법으로 활용해야 한다. 시제는 현재, 과거, 불완료 과거, 대과거 4개이다.

• Penso che lui abbia ragione. 그가 옳다고 나는 생각한다.
(Penso: 주절 / che: 접속사 / abbia: 접속법 현재)

• Marco è contento che tu abbia accettato l'invito.
(Marco è contento: 주절 / che: 접속사 / abbia accettato: 접속법 과거)

네가 초대를 받아들였기에 마르코는 만족해한다.

본문 해석

보선	실례합니다. 오늘 달러 환율이 어떤가요?
환전소 직원	달러당 0,94유로입니다.
보선	그러면 200달러를 바꾸고 싶은데요.
환전소 직원	얼마짜리 화폐로 드릴까요?
보선	20유로짜리 9장, 나머지는 1유로짜리로 주세요.
환전소 직원	여권 있으신가요?
보선	네, 갖고 있습니다. 여기 있습니다!
환전소 직원	이탈리아 주소가 뭐죠?
보선	페라라, 웃첼리노 가 74번지입니다.
환전소 직원	영수증에 서명하시겠습니까?
보선	감사합니다.

그림 보고 말하기

문형 연습

• 얼마짜리 지폐를 선호하세요?

1 어떤 유형의 자동차를(Che tipo di macchina)
2 어떤 것을(Che cosa)
3 어떤 디스크를(Che disco)
4 누구를(Chi)

• 여권 있으세요?

1 담배(una sigaretta)
2 1유로짜리 동전(una moneta da 1 euro)
3 운전면허증(la patente)
4 휴대폰(il cellulare)

새단어

- scusi 실례합니다, 죄송합니다
- cambio 환율
- virgola 쉼표
- allora 그러면, 그럼
- cambiare 바꾸다, 환전하다
- tagli 은행권, 지폐
- preferisce 선호하다(preferire의 3인칭 단수)
- biglietti 화폐, 지폐
- il resto 나머지, 거스름돈
- ce l'ho 나는 그것을 갖고 있다
- vuole 원하다(volere)의 3인칭 단수
- eccolo! 여기 있습니다!
- ricevuta 영수증

연습문제 직설법 현재, 명령형

01 동사를 직설법 현재로 활용하시오.

1. Tu (**capire**) ______________ bene l’inglese.
2. Io (**finire**) ______________ di lavorare presto.
3. Michele (**finire**) ______________ il lavoro stasera.
4. Noi (**finire**) ______________ gli esercizi di italiano.
5. “Che fai? (**scrivere**) ______________ una lettera a Claudio?”
   “No, (**scrivere**) ______________ una cartolina a mia madre.
6. (**Noi-pagare**) ______________ 420 euro al mese per l’affitto di questo appartamento.
7. Carla (**incontrare**) ______________ il professore al bar ogni mattina.
8. (**Io-ricevere**) ______________ molte e-mail da amici.

02 〈보기〉와 같이 긍정명령(Tu)으로 바꾸시오.

보기

Devi **studiare.** → **Studia!**
너는 공부해야 한다. 너 공부해라!

1. Devi **mangiare** meno.
   → ______________________________
2. Devi **prendere** una decisione.
   → ______________________________
3. Devi **partire** subito.
   → ______________________________
4. Devi **abbassare** la televisione.
   → ______________________________

연습문제 직설법 현재, 명령형

03 〈보기〉와 같이 긍정명령(Voi)으로 바꾸시오.

> 보기
>
> Dite ai bambini di **spegnere** la TV. → Bambini, **spegnete** la TV!
> TV를 끄라고 아이들에게 말해라. 얘들아, TV를 꺼라!

1. Dite ai bambini di **mettere** in ordine la camera.

   → ______________________________

2. Dite ai bambini di **mettersi** il pigiama.

   → ______________________________

3. Dite ai bambini di **apparecchiare** la tavola.

   → ______________________________

4. Dite ai bambini di **aprire** la porta.

   → ______________________________

04 〈보기〉와 같이 긍정명령(Tu, Noi, Voi, Lei)으로 바꾸시오.

> 보기
>
> Dovresti **aspettare** un momento. → **Aspetta** un momento!
> 잠시 기다려야 할 것 같다. 잠시 기다려라!

1. Dovresti **ascoltare** i miei consigli.

   → ______________________________

2. Dovremmo **partire** subito.

   → ______________________________

3. Dovreste **leggere** questo libro.

   → ______________________________

4. Dovresti **assaggiare** questo vino.

   → ______________________________

문화 한마디

이탈리아 커피

- **카페 플로리안**(Caffè Florian) : 이탈리아 베네치아 산 마르코 광장에 있는 카페로 1720년부터 개업한 이탈리아에서 현존하는 가장 오래된 카페이다. 괴테, 바이런, 토마스 만 등의 유명인이 이 카페를 즐겨 찾았다고 한다.

- **에스프레소**(espresso) : 원두가루에 뜨거운 물을 고압으로 통과시켜 진하게 우려내 만든 이탈리아 전통 커피이다. 작은 잔에 먹으며, 높은 압력으로 순수한 커피의 맛을 느낄 수 있다.

- **카푸치노**(cappuccino) : 에스프레소 커피에 데운 우유를 넣고 그 위에 우유 거품을 얹는다. 거품 위에 계피가루를 뿌려서 만드는 커피이다. 카푸치노라는 명칭은 이탈리아 프란체스코회의 카푸친 수도회의 수도사가 쓰던 '카푸친'의 모습과 유사해서 이름이 붙은 것이라고 전해진다.

- **카페라테**(caffè latte) : '라테'는 이탈리아어로 '우유'를 뜻하는데 에스프레소에 따뜻하게 데운 우유를 넣어 만든다. 이탈리아에서 이 커피는 흔히 아침 식사용인데 프랑스에서는 카페오레, 스페인에서는 카페콘레체라고 한다.

- **카페 콘파냐**(caffè conpanna) : '파냐'는 '생크림'을 뜻한다. 이름에서 알 수 있듯이 에스프레소 위에 생크림을 올려 먹는 커피이다.

- **카페 나폴리아노**(caffè napoliano) : 커피 위에 레몬 한 조각을 띄워 먹는 이탈리아의 모닝커피이다.

- **카페 마키아토**(caffè macchiato) : '마키아토'는 이탈리아어로 '얼룩진, 점찍다'의 뜻인데, 에스프레소를 추출할 때 나타나는 크레마에 우유 거품이 얼룩진 모양을 의미한다.

- **카페 프레도**(caffè freddo) : 에스프레소에 얼음을 넣은 커피이다.

- **앗포가토**(affogato) : '앗포가토'는 이탈리아어로 '끼얹다, 빠지다'라는 뜻이다. 에스프레소에 아이스크림을 얹거나, 아이스크림 위에 에스프레소를 끼얹어 먹는 이탈리아의 대표적인 디저트이다.

Capitolo 15

Scusi, taxi, è libero?

In taxi 택시 안에서

핵심 표현

· Scusi, taxi, è libero?
실례합니다, 택시, 타도 되나요?

· Dove deve andare?
어디 가시죠?

· Eccoci arrivati! Quanto pago?
다 왔군요! 얼마인가요?

· Ecco a lei 10 euro.
10유로, 여기 있습니다.

Ragusa Ibla in Sicilia

시칠리아 라구사 이블라

기본회화

전체듣기 Track 091
따라듣기 Track 092

Bosun	Scusi, taxi, è libero?
Tassista	Sì, dove deve andare?
Bosun	Alla stazione.
Tassista	Va bene, signore!
Bosun	Può andare più forte? Devo prendere il rapido delle otto.
Tassista	Purtroppo è l'ora di punta!
Bosun	Sì, ma non posso perdere il treno!
Tassista	Ancora pochi minuti e siamo alla stazione.
Bosun	Oh, eccoci arrivati! Quanto pago?
Tassista	9 euro.
Bosun	Ecco a lei dieci 10 euro.
Tassista	Grazie, buon viaggio!

해설

- 조동사 volere, dovere, potere 다음에 동사가 올 경우, 동사원형을 써야 한다.

(Lei) deve andare alla stazione
(Io) devo prendere il rapido
(Lei) può andare più forte

- 조동사의 직설법 현재 활용

	dovere	potere	volere
io	devo	posso	voglio
tu	devi	puoi	vuoi
lui	deve	può	vuole
noi	dobbiamo	possiamo	vogliamo
voi	dovete	potete	volete
loro	devono	possono	vogliono

- 추가 표현
  - 이 주소로 가 주세요. A questo indirizzo, per favore.
  - 역까지 데려다 주세요. Mi porti alla stazione, per favore.
  - 서둘러 주세요. Faccia presto, per favore.
  - 여기서 세워 주세요. Si fermi qui, per favore.
  - 공항까지 요금이 얼마입니까? Quanto pago per l'aeroporto?

- ecco : ecco

qui	여기 있다
là	저기 있다
i nostri amici	우리 친구들이 있다(온다)
il treno	기차가 온다
mi	나 여기 있다(eccomi)
a Lei	(존칭 상대방에게) 여기 있습니다
perché	이유가 있다
fatto	다 됐다

- 직설법 현재

	pagare(지불하다)
io	pago
tu	paghi
lui	paga
noi	paghiamo
voi	pagate
loro	pagano

음가를 유지하기 위해 tu와 noi 활용에 'h'를 삽입했다. cercare(구하다, 찾다) 동사도 같은 현상을 보인다.
cerco, cerchi, cerca, cerchiamo, cercate, cercamo

본문 해석

보선	택시, 타도 됩니까?
택시기사	네, 어디 가시죠?
보선	역에 갑니다.
택시기사	좋습니다, 손님!
보선	더 빨리 갈 수 있을까요? 8시 급행 열차를 타야 하거든요.
택시기사	안됐지만 러시아워입니다.
보선	그렇습니다만, 기차를 놓칠 수는 없어요!
택시기사	아직 몇 분 남았어요. 우린 역에 다 왔어요.
보선	오! 다 왔군요! 얼마죠?
택시기사	9유로입니다.
보선	여기 있습니다. 10유로입니다.
택시기사	고맙습니다. 좋은 여행 보내세요!

그림 보고 말하기

문형 연습

- 8시 급행 열차를 타야 합니다.

1. 인내심을 갖다, 참다(avere pazienza)
2. 시험 보다(dare l'esame)
3. 한 가지 물어보다(chiedere una cosa)
4. 편지를 기다리다(aspettare una lettera)

- 기차를 놓쳐서는 안 됩니다.

1. 버스(l'autobus)
2. 비행기(l'aereo)
3. 전철(la metro)
4. 기회(l'occasione)

새단어

- tassista 택시기사
- alla stazione 역에
- più forte 더 빨리
- il rapido 급행 열차
- purtroppo 안타깝게도, 안됐지만
- prendere (교통수단을) 타다
- l'ora di punta 러시아워
- perdere il treno 기차를 놓치다
- ancora 아직
- pochi minuti 몇 분
- eccoci arrivati 이제 다 왔다
- viaggio 여행

연습문제 (직설법 현재) 불규칙 동사

01 〈보기〉와 같이 바꾸시오.

보기

Dite a Marta di **andare** più piano. → Marta, **puoi andare** più piano?
더 천천히 가라고 마르타에게 말해라. 마르타, 더 천천히 갈 수 있겠니?

1. Dite a Marta di **abbassare** la radio.

   → ______________________

2. Dite a Marta di **comprare** il giornale.

   → ______________________

3. Dite a Marta di **ripetere** la domanda.

   → ______________________

4. Dite a Marta di **parlare** a bassa voce.

   → ______________________

5. Dite a Marta di **fare** meno rumore.

   → ______________________

6. Dite a Marta di **aspettare** un momento.

   → ______________________

02 'andare' 동사로 활용하시오.

1. Stasera (tu) ______________ in pizzeria con Marco?
2. (Tu) ______________ al cinema stasera?
3. (Voi) ______________ a cena al ristorante sabato?
4. Il Signor Bartoli ______________ al mare questo fine-settimana?

03 'venire' 동사로 활용하시오.

1. (Io) ______________ volentieri in centro con voi.
2. Ragazzi, da dove ______________?
3. (Noi) ______________ molto volentieri alla vostra festa.
4. Sandro, ______________ in pizzeria con me domani sera?

연습문제 (직설법 현재) 불규칙 동사

04 동사를 직설법 현재로 활용하시오.

1. Mario (venire) ________________ in vacanza ogni anno in Italia.

2. La nostra camera è troppo piccola. (Cercare) ________________ un appartamento più grande.

3. Quei turisti sono coreani : non (capire) ________________ una parola d'italiano, ma (parlare) ________________ benissimo l'inglese.

4. Oggi non ho voglia di uscire. (Rimanere) ________________ a casa e (quardare) ________________ un po' la TV.

5. Elsa (andare) ________________ a letto presto stasera perché (avere) ________________ sonno.

6. Le mie amiche (fare) ________________ sempre colazione al bar, io, invece, (fare) ________________ colazione a casa : (bere) ________________ un caffè e (mangiare) ________________ pane e marmellata.

7. Roberto non (potere) ________________ venire al lago con noi perché (dovere) ________________ finire di studiare matematica.

8. I miei vicini (stare) ________________ sempre da soli perché non (conoscere) ________________ nessuno in questa città.

9. Domani Lisa (dare) ________________ una festa per il suo compleanno: ci (venire) ________________ anche tu?

10. Paola (essere) ________________ stanca: (preferire) ________________ restare a casa stasera.

문화 한마디

피렌체는 이탈리아 북부에 위치한 도시로, 15세기부터 건축과 예술 분야에 큰 영향을 미친 곳이라고 할 수 있다. 피렌체를 '이탈리아 예술의 수도'라고도 하는데 이곳에는 산타 마리아 델 피오레 대성당, 우피치 미술관, 산타 마리아 노벨라 성당, 산 로렌초 성당, 베키오 다리 등의 많은 유적이 있다.

산타 마리아 델 피오레 대성당

피렌체를 상징하는 대성당으로 1296년 아르놀포 디 캄비오에 의해 지어지기 시작했다. 고딕식 첨탑으로 지어졌으며 돔 형식의 지붕과 화려한 외관이 돋보인다. 106m의 높이로 피렌체 어디서나 성당을 볼 수 있으며 성당 안의 463개의 계단을 올라 옥상으로 가면 피렌체 도시의 모습을 한눈에 볼 수 있다. 여기에는 조토의 종탑, 세례당이 있고 대성당 내부에는 성당 부속 박물관이 한데 있다. 당내의 부속 미술관과 여러 조각, 회화가 보존되어 있는데, 베첼로와 카스타뇨 등의 프레스코 벽화, 기베르티의 청동상과 미켈란젤로의 조상 '피에타' 등이 있다.

우피치 미술관

16세기 중반 바자리라는 당대 유명 화가와 그의 제자가 함께 건축한 것이다. 원래는 당시 중앙집권의 메디치 가문이 공무 집행실로 사용했는데 마지막 상속녀의 기증으로 미술관으로 변경되었다. 이후 르네상스 화가뿐만 아니라 바로크와 로코코 화가 등의 작품을 소장하고 있어 우수한 회화 컬렉션으로 주목을 받고 있다.

베키오 다리

단테와 베아트리체가 처음 만난 장소로 알려진 다리로, 아르노 강 위에 세워진 가장 오래된 다리이다. 이 다리 위에서 판매되는 귀금속, 수공예품은 많은 관광객에게 인기가 높다.

Capitolo 16

Pronto, sono Bosun Choi ; c'è Mario?

Al telefono 전화 대화

핵심 표현

· Pronto, c'è Mario?
여보세요, 마리오 있나요?

· Ho bisogno di un favore.
부탁이 있어.

· Dimmi pure!
어서 말해 봐!

· D'accordo, a più tardi allora!
좋아, 그럼 이따 보자!

Taormina in Sicilia

시칠리아, 타오르미나

기본회화

전체듣기 Track 093
따라듣기 Track 094

Bosun	Pronto, sono Bosun Choi; c'è Sara, per piacere?
La mamma di Sara	Sì, la chiamo subito.
Bosun	Ciao, Sara, ti disturbo?
Sara	No, affatto!
Bosun	Ho bisogno di un favore.
Sara	Dimmi pure!
Bosun	Puoi accompagnarmi a comprare una macchina fotografica?
Sara	Certamente, con piacere!
Bosun	Conosci un negozio non troppo caro?
Sara	Sì, ne conosco uno dove fanno dei buoni sconti.
Bosun	Possiamo andarci oggi pomeriggio?
Sara	Sì, se per te va bene, passo a prenderti alle quattro.
Bosun	D'accordo, a più tardi allora!

해설

- lo / la / li / le | chiamo subito: 그를(그녀를, 그들을) 곧 불러 드리겠습니다.
- Dimmi pure! : dimmi = di'(dire의 tu에 대한 명령) + mi(to me)
  여기서 m이 하나 더 들어간 것은 di와 mi를 부드럽게 연결시키기 위함이다.
- 추가 표현
  - 좀 더 천천히 말씀해 주세요. Parli più lentamente.
  - 미안합니다. 제가 잘못 걸었군요. Mi scusi. Ho sbagliato.
  - 한국으로 전화하고 싶어요. Vorrei chiamare la Corea.
  - 통화중입니다. La linea è occupata.
  - 전화번호부 l'elenco telefonico
  - 공중전화 la cabina del telefono
- <u>ne</u> conosco <u>uno</u> ~ : ne = dei nogozi(상점들 중에)

- Passo a prender | ti 너를 / lo 그를 / la 그녀를 / La 당신을 / vi 너희들을 | 데리러 가겠다

Passo a prender		
	ti 너를	
	lo 그를	
	la 그녀를	데리러 가겠다
	La 당신을	
	vi 너희들을	

- possiamo andarci ~ : 우리는 거기에 갈 수 있다 (ci = there)

본문 해석

보선	여보세요, 최보선인데요. 싸라 있어요?
싸라의 엄마	그래, 곧 불러 줄게.
보선	안녕, 싸라, 방해한 것은 아니지?
싸라	아니야, 전혀!
보선	부탁이 있어.
싸라	어서 말해 봐!
보선	카메라 사는데 나와 같이 가 줄 수 있겠니?
싸라	물론이야, 기꺼이 도와줄게!
보선	너무 비싸지 않은 가게를 알고 있니?
싸라	물론이지, 할인을 잘 해 주는 가게를 하나 알아.
보선	오늘 오후에 거기에 갈 수 있겠니?
싸라	그래, 너만 좋다면, 4시에 널 데리러 갈게.
보선	좋아, 그럼 이따 보자!

그림 보고 말하기

★ 문형 연습

- **카메라** 사는데 같이 가 줄 수 있겠니?

1 접시들(i piatti)	6 스키(gli sci)
2 계산기(la calcolatrice)	7 체온기(il termometro)
3 스테이플러(la cucitrice)	8 청바지(i jeans)
4 카드 상자(lo schedario)	9 부츠(gli stivali)
5 컴퓨터(il computer)	10 가죽점퍼(il giubbotto di pelle)

- **너만** 좋다면, **4시에** **너를** 데리러 갈게.

1 당신만(per Lei) / 3시에(alle tre) / 당신을(La)
2 그만(per lui) / 5시에(alle cinque) / 그를(lo)
3 그녀만(per lei) / 6시 반에(alle sei e mezza) / 그녀를(la)
4 너희들만(per voi) / 7시 20분에(alle sette e venti) / 너희들(vi)

새단어

- □ pronto 여보세요(전화 대화에서)
- □ ti disturbo 나는 너를 귀찮게 한다(disturbare)
- □ ho bisogno di 나는 ~가 필요하다
- □ affatto 전혀
- □ favore 부탁, 호의
- □ accompagnaremi 데리고 가다, 동행하다
- □ comprare 사다
- □ macchina fotografica 사진기
- □ certamente 물론
- □ conosci 너 알고 있니(conoscere)
- □ un negozio 상점
- □ non troppo 너무 지나치지 않는
- □ caro 비싼
- □ sconti 할인
- □ possiamo andarci 우리는 거기 갈 수 있다
- □ passo a prenderti 나는 너를 데리러 간다
- □ d'accordo 동의하다, 좋다
- □ a più tardi 이따가

01 〈보기〉와 같이 답하시오.

보기

Vuoi il panettone? (**una fetta**) → Grazie, **ne** prendo volentieri **una fetta**.
성탄절 케이크 먹을래? 고마워, 한 조각 먹을게.

1. Vuoi un po' di birra?(**un bicchiere**)

→

2. Vuoi un po' di torta? (**una fetta**)

→

3. Vuoi un po' di tè? (**una tazza**)

→

4. Vuoi un po' di brandy? (**un bicchierino**)

→

02 〈보기〉와 같이 답하시오.

보기

Quante sigarette hai fumato? (**poche**) – **Ne** ho fumate **poche** (**sigarette**).
너는 담배 몇 대 피웠니? 나는 한두 대 피웠어.

1. **Quanti amici** hai invitato? (**pochi**)

2. **Quante città italiane** hai visitato? (**tre**)

3. **Quanti caffè** hai preso? (**nessuno**)

4. **Quante ragazze** hai conosciuto alla festa? (**molte**)

03 〈보기〉와 같이 답하시오.

보기

Vieni **al bar** dopo la lezione? – Sì, **ci** vengo.
수업 후에 바에 갈래? 그래, (거기에) 갈게.

1. Vieni **a casa mia** stasera?

____

2. Vai **a Roma** domani?

____

3. Stai bene **in questa città**?

____

4. Vieni a prendere qualcosa **al bar**?

____

04 〈보기〉와 같이 바꾸시오.

보기

Noi **restiamo** a casa stasera. → Anch'io **resto** a casa stasera.

1. Voi **prendete** l'autobus?

   Anche tu ______________________________

2. Tom e Peter **studiano** l'inglese.

   Anche Ingrid ______________________________

3. Tom e Peter **aprono** il libro d'italiano.

   Anche Ingrid ______________________________

4. Tom e Peter non **fumano**.

   Anche Ingrid ______________________________

명품의 나라 이탈리아

이탈리아는 세계적인 디자이너와 패션으로 유명한 나라이다. 이탈리아는 장인 정신을 내세우는 디자인을 통해 명품 브랜드를 내세우고 있다. 제품을 만드는 데 제품의 우수성과 고품질을 가장 우선시 하는 것이다. 이러한 장인 정신이야말로 이탈리아를 명품의 나라라는 수식어를 빛나게 하는 것이다.

의류뿐만 아니라 시계, 안경, 향수 등까지 세계적인 패션 브랜드의 선두에 있다. 특히나 이탈리아에서는 고급 실크, 린넨, 모직, 가죽 등이 생산되기 때문에 명품 브랜드의 패션을 주도하는 데 앞장설 수 있는 기반을 이루고 있다.

이탈리아에서 개최되는 말라노 컬렉션은 세계 3대 컬렉션이며, 소재나 재단이 좋은 성인복의 패션을 주도하고 있다. 그리고 밀라노 시내에만도 여러 곳에서 PRADA 매장을 발견할 수 있다. 가격도 가격이지만 인테리어 디자인에 압도당할 지경이다. GUCCI, Giorgio Armani, Gianni Versace, Benetton, Dolce&Gabbana, Missoni, Salvatore Ferragamo, Nino Cerruti, Trussardi, Maska 등이 이탈리아가 낳은 세계적인 명품 브랜드이다.

가장 유명한 패션 명품 브랜드 중의 하나인 PRADA는 설립자 마리오 프라다의 이름에서 유래한 것이다. 1919년 이탈리아 사보이 왕실의 공식 납품 업체로 지정되기도 하였다. 초창기부터 화장품 케이스, 가방, 장갑, 보석, 향수 등을 만들었는데 초창기에는 특이하고 희소성 있는 제품을 만들어 상류 계층의 이목을 끌 수 있었다. 이후 마리오 프라다의 손녀 미우치아 프라다가 경영을 이어받은 뒤로는 일하는 여성에 초점을 맞춰 좀 더 실용적인 디자인 제품을 내놓기도 하였다. 이때 내놓은 백팩과 토트백 세트가 전 세계적으로 인기를 끌면서 다시 프라다의 명성을 높이는 데 일조하였다.

Capitolo 17

È permesso?

A scuola d'italiano 이탈리아어 학교에서

핵심 표현

· È permesso?
들어가도 될까요?

· Prego, si accomodi. Mi dica pure.
네, 어서 오세요. 말씀하시죠.

· Ho deciso di migliorare il mio italiano.
저는 이탈리아어 실력을 향상시키기로 결심했어요.

· Lei parla già bene, mi sembra.
제가 보기에 당신은 이미 말씀을 잘하시는 것 같군요.

San Gimignano in Toscana

토스카나 산 지미냐노

전체듣기 Track 095
따라듣기 Track 096

Bosun　È permesso?

Segretaria　Prego, si accomodi. Mi dica pure.

Bosun　Volevo delle informazioni sui vostri corsi di lingua italiana.

Segretaria　Certo. Noi offriamo corsi in cinque livelli di difficoltà, dal principiante assoluto all'avanzato. Per decidere quale livello frequentare facciamo un esame preliminare.
È per Lei o per un Suo amico?

Bosun　È per me, ho deciso di migliorare il mio italiano.

Segretaria　In questo caso, Le consiglio almeno il terzo livello, Lei parla già bene, mi sembra. Di dove è?

Bosun　Sono coreano, ma vivo in Italia da due anni.

해설

- È permesso? : permettere(허락하다)의 과거분사인 permesso(허락된)가 형용사로 쓰인 것이다.
- si accomodi : accomodarsi(재귀동사)의 Lei에 대한 존칭명령형이다. 이때 대명사는 동사 앞에 위치한다. '당신은 당신 자신을 편하게 하세요!', 즉 '어서 오세요'라는 의미이다.
- Volevo delle informazioni ~ : 몇 가지 정보를 알고 싶었습니다.(정중하게 묻는 표현)
- delle informazioni : delle는 부분 관사로서 영어의 some과 같은 의미이다.

	직설법 불완료 과거	직설법 현재	
	volere(원하다)	offrire(제공하다)	fare(하다)
io	volevo	offro	faccio
tu	volevi	offri	fai
lui	voleva	offre	fa
noi	volevamo	offriamo	facciamo
voi	volevate	offite	fate
loro	volevano	offrono	fanno

- per decidere　quale livello frequentare　facciamo ~
  결정하기 위해 / 어떤 레벨의 과정을 다녀야할지를 / 우리는 ~을 합니다
- Mi dica : dire 동사의 Lei에 대한 존칭명령형으로 접속법 현재 활용과 같다.
- (당신께) Le　(너에게) Ti　(너희들에게) Vi　(그 남자에게) Gli　| consiglio (충고합니다, 자문합니다)

* 간접대명사(~에게) : mi(나에게), ti(너에게), gli(그에게), le(그녀에게), Le(당신께), ci(우리들에게), vi(너희들에게), gli(그들에게)

■ 직설법 불완료 과거

	규칙 동사			불규칙 동사	
	abitare(거주하다)	vivere(살다)	sentire(듣다)	essere	fare
io	abitavo	vivevo	sentivo	ero	facevo
tu	abitavi	vivevi	sentivi	eri	facevi
lui	abitava	viveva	sentiva	era	faceva
noi	abitavamo	vivevamo	sentivamo	eravamo	facevamo
voi	abitavate	vivevate	sentivate	eravate	facevate
loro	abitavano	vivevano	sentivno	erano	facevano

■ 근과거와 불완료 과거 구분

- 근과거 : 최근에 결론지어진 과거의 행위 표현이다. 비유하자면 '최근에 찍은 사진'이라고 할 수 있다. 즉, 팩트(fatto)를 표현한다.
- 불완료 과거 : 비유하자면 '과거의 동영상'이라고 할 수 있다.

① 불명확한 지속성을 내포한 과거의 행위 표현(azione continua)
I miei nonni abitavano in campagna.
나의 조부모님께서는 시골에 살고 계셨다.

② 과거의 규칙적인 습관 표현(abitudine)
Da bambino andavo spesso in montagna.
어릴 때 나는 산에 자주 가곤 했다.

③ 과거 인물, 사물, 상황의 특성 표현(situazione)
Mia nonna era molto bella.
나의 할머니는 무척 아름다우셨다.
In treno faceva caldo.
기차 내부는 더웠다.
Alla festa c'era molta gente.
파티에 많은 사람들이 있었다.

본문 해석

보선　들어가도 될까요?
상담 직원　어서오세요. 말씀하시죠.
보선　학교의 이탈리아어 과정에 대해 몇 가지 알고 싶었습니다.
상담 직원　좋습니다. 우리 학원은 초보 과정에서 상급 과정까지 난이도에 따라 5개 과정을 제공합니다. 당신이 어떠한 과정을 다녀야 할지 결정하기 위해 우리는 예비 시험을 실시합니다. 당신이 다니실 건가요 아니면 당신의 친구가 다니실 건가요?
보선　제가 다닐건데요, 이탈리아어 실력을 향상시키기로 결심했어요.
상담 직원　이 경우엔 적어도 제3레벨에 다니실 것을 조언합니다. 제가 보기에 당신은 이미 말을 잘하시는 것 같군요. 어느 나라 사람이세요?
보선　한국인입니다만 2년 전부터 이탈리아에 살고 있습니다.

그림 보고 말하기

문형 연습

• 이탈리아어 실력을 향상시키기로 결심했어.

1 금연하기로(smettere di fumare)
2 금주하기로(smettere di bere)
3 이탈리아에서 유학하기로(studiare in Italia)

• 나는 한국인인데, 이탈리아에 산 지 2년 됐다.

1 미국인 / 프랑스 / 3년
2 일본인 / 독일 / 5년
3 이탈리아인 / 한국 / 3개월

새단어

- permesso 허락된(permettere의 과거분사)
- sui vostri corsi 귀 학교의 과정에 대해
- difficoltà 난이도, 어려움
- frequentare (학교, 과정 등에) 다니다
- cinque livelli 다섯 레벨
- all'avanzato 고급 과정까지
- un esame preliminare 예비 시험
- migliorare 향상시키다
- consiglio 나는 조언한다(consigliare의 1인칭 단수)
- parla 당신은 말한다(parlare의 3인칭 단수)
- mi sembra 제가 보기엔 ~인 것 같다(sembrare)
- da due anni 2년 전부터

연습문제 직설법(불완료 과거, 근과거), 명령형

01 〈보기〉와 같이 근과거, 불완료 과거 문장으로 완성하시오.

> 보기
>
> Paola non (**uscire**) ______ perché (**avere**) ______ mal di testa.
>
> → Paola non **è uscita** perché **aveva** mal di testa. 파올라는 머리가 아파서 외출하지 않았다.

1. Non (io-**scrivere**) ______ a Bruno perché non (**sapere**) ______ l'indirizzo,
2. Non (noi-**dare**) ______ l'esame perché non (**essere**) ______ preparati.
3. Anna non (**uscire**) ______ con gli amici perché (**dovere**) ______ studiare.
4. Non (voi-**comprare**) ______ quella macchina perché (**costare**) ______ troppo.
5. Lucio non (**spedire**) ______ la lettera perché non (**avere**) ______ il francobollo.
6. (Io-**chiudere**) ______ la finestra perché (**sentire**) ______ freddo.

02 〈보기〉와 같이 불완료 과거 문장으로 완성하시오.

> 보기
>
> Quando ho conosciuto Martina, lei (**avere**) ______ 18 anni.
>
> → Quando ho conosciuto Martina, lei **aveva** 18 anni.
> 내가 마르티나를 알게 되었을 때 그녀는 18살이었다.

1. Quando ho conosciuto Martina, (**avere**) ______ i capelli corti.
2. Quando ho conosciuto Martina, (**andare**) ______ ancora a scuola.
3. Quando ho conosciuto Martina, (**portare**) ______ gli occhiali
4. Quando ho conosciuto Martina, (**essere**) ______ molto carina.
5. Quando ho conosciuto Martina, (**frequentare**) ______ un corso di danza classica.
6. Quando ho conosciuto Martina, (**giocare**) ______ a pallavolo nella squadra della scuola.

03 〈보기〉와 같이 긍정명령(Tu)으로 바꾸시오.

> 보기
>
> Dite a Paolo di **abbassare** la radio. → Paolo, **abbassa** la radio!
> 라디오 볼륨을 낮추라고 파올로에게 말해라. 파올로, 라디오 볼륨을 낮춰라!

1. Dite a Paolo di **sparecchiare** la tavola.

→ ______

2. Dite a Paolo di **arrivare** in orario.

→

3. Dite a Paolo di **rispondere** al telefono.

→

4. Dite a Paolo di **chiudere** la porta.

→

5. Dite a Paolo di **tornare** presto.

→

6. Dite a Paolo di **lavare** i piatti.

→

04 〈보기〉와 같이 긍정명령(Tu, Voi, Noi, Lei)으로 바꾸시오.

보기

Dovresti **aspettare** un momento. – **Aspetta** un momento!
잠시 기다려야 할텐데. 잠시 기다려라!

1. Dovresti **metterti** un vestito pesante.

2. Dovremmo **aspettare** fino alle 8.

3. Dovreste **smettere** di discutere.

4. Dovresti **chiamare** il medico.

5. Dovreste **mandare** una cartolina a Ivo.

6. Dovremmo **finire** il lavoro per domani.

문화 한마디

이탈리아 교육 제도

이탈리아의 교육 제도는 초등학교 5년(6~10세), 중학교 3년(11~13세), 고등학교 5년(14~18세), 대학교 3~6년으로 이루어져 있다. 이 가운데 초등학교와 중학교는 의무 교육을 실시하고 있고, 고등학교와 대학교도 대부분의 비용을 국가와 지방 정부가 부담한다. 학기는 11월에 시작되며 다음해 6월에 끝난다.

- □ scuola elementare : 초등학교
- □ scuola media : 중학교
- □ scuola media superiore : 고등학교
- □ università : 대학교

대학 입학은 고교 졸업장과 간단한 인터뷰로 쉽게 입학할 수 있지만, 졸업은 어렵다. 따라서 우리와 같은 사교육비 지출과 입시 지옥은 없다.

중학교까지의 의무 교육이 끝나면 학생들은 적성에 따라 다양한 분야의 고등학교로 진학한다. 고등학교는 학교의 성격에 따라 공부하는 기간이 3~5년으로 다양하다. 다음과 같은 분야가 있다.

- □ liceo classico : 인문고
- □ liceo linguistico : 외고
- □ liceo artistico : 예술고
- □ liceo scientifico : 과학고
- □ istituto d'arte : 예술 학교
- □ istituto tecnico : 기술 학교
- □ istituto professionale : 직업 학교
- □ istituto magistrale : 사범 학교
- □ conservatorio di musica : 국립음악원

대학교 과정은 3~4년이 일반적이지만 의학부는 6년, 건축학부는 5년으로 약간 차이가 있다. 입학은 쉽지만 열심히 공부하지 않으면 다음 학기로 올라가기 힘든 편이다. 20개 과목의 학점을 취득하고 졸업 논문이 통과되어 졸업을 하면 dottore라는 호칭을 붙여 준다. 여기서 dottore는 미국식 학제의 박사는 아니고 석사 정도로 보면 된다.

Capitolo 18

Passa di qui l'autobus 183?

Alla fermata dell'autobus 버스 정류장에서

핵심 표현

· Scusi, passa di qui l'autobus 183?
실례합니다만, 183번 버스가 여기로 지나가나요?

· Quanto costa il biglietto?
버스 요금은 얼마인가요?

· Vado all'ambasciata coreana ai Parioli.
빠리올리에 있는 한국 대사관에 갑니다.

· Grazie per avermelo detto.
말씀해 주셔서 감사합니다.

Toscana

토스카나의 포도밭

기본회화

전체듣기 Track 097
따라듣기 Track 098

Bosun: Scusi, passa di qui l'autobus 183?

Persona che aspetta: Sì, il 183 passa proprio per questa strada.

Bosun: Quanto costa il biglietto?

Persona che aspetta: Costa 1euro, ma non lo vendono sull'autobus. Lo deve comprare prima di salire.

Bosun: E dove lo vendono?

Persona che aspetta: Vede quell'edicola di giornali? Può comprarlo lì, oppure dal tabaccaio all'angolo. A proposito, dove deve andare?

Bosun: Vado all'ambasciata coreana ai Parioli.

Persona che aspetta: Ai Parioli? Ma allora Lei ha sbagliato direzione, deve prendere l'autobus che va dalla parte opposta. Deve aspettare alla fermata dall'altro lato della strada. Vede? È proprio lì di fronte.

Bosun: Grazie per avermelo detto.

해설

- Lo deve comprare ~(non lo vendono ~), (dove lo vendono ~) : 직접대명사로서 'il biglietto'를 지시한다. mi(나를), ti(너를), lo(그 남자를, 그것을), la(그녀를, 그것을), La(당신을), ci(우리들을), vi(너희들을), li(그 남자들을, 그것들을), le(그녀들을, 그것들을)
- può comprarlo : 조동사 + 일반동사 + lo, la, li, le(이때 대명사를 può 앞으로 보낼 수 있다.)
- da + 사람을 지칭하는 명사 → 그 사람이 있는 곳
  dal tabaccaio는 '담배 상인이 있는 곳', 즉 '담배 가게'이다.
- 직설법 현재

	passare(지나가다)	costare(비용이 들다)	vendere(팔다)
io	passo	-	vendo
tu	passi	-	vendi
lui	passa	costa	vende
noi	passiamo	-	vendiamo
voi	passate	-	vendete
loro	passano	costano	vendono

- Lei ha sbagliato | direzione, ~ : 당신은 방향을 잘못 잡으셨습니다.
  numero, ~ : 당신은 번호를 잘못 누르셨습니다.

- Grazie per aver me lo detto. : 내게 그것을 말씀해 주신 것에 대해 감사합니다.
  (me: 나에게) (lo: 그것을)

  전치사 per 다음에는 동사원형으로 써야 하고, 대명사 me, lo를 바로 뒤에 붙였다.
  'aver~detto'는 과거시제이다.

- me lo : 간접대명사 mi + 직접대명사 lo(복합대명사)
  mi가 me로 변화된 것은 뒤따르는 lo와 부드럽게 융화하기 위한 모음동화 현상이다.
  cf.) te lo, ce lo, ve lo / glielo (그에게, 그녀에게, 그들에게 그것을)

-

	직설법 현재			직설법 근과거	
	andare(가다)	dovere(해야 한다)	vedere(보다)	sbagliare(잘못을 저지르다)	
io	vado	devo	vedo	ho	sbagliato
tu	vai	devi	vedi	hai	
lui	va	deve	vede	ha	
ni	andiamo	dobbiamo	vediamo	abbiamo	
voi	andate	dovete	vedete	avete	
loro	vanno	devono	vedono	hanno	

- • 여기가 어딥니까? Dove siamo qui?
  • 이 거리 이름이 뭡니까? Come si chiama questa via?
  • 어떤 건물입니까? Che palazzo è?

본문 해석

보선	죄송합니다만 183번 버스가 여기로 지나가나요?
기다리는 사람	네, 183번은 바로 이 도로로 지나갑니다.
보선	버스표는 얼마인가요?
기다리는 사람	1유로인데, 버스에서는 그것을 팔지 않습니다. 버스에 오르기 전에 사야만 합니다.
보선	그럼, 어디서 그것을 파나요?
기다리는 사람	신문 가판점 보이시죠? 거기서 살 수 있거나 아니면 모퉁이 담배 가게에서 살 수 있어요. 그런데 어디를 가셔야 하나요?
보선	빠리올리에 있는 한국 대사관에 갑니다.
기다리는 사람	빠리올리에 가신다구요? 그런데 당신은 방향을 잘못 잡으셨군요. 반대 방향으로 가는 버스를 타셔야 합니다. 길 건너 정류장에서 기다리셔야 합니다. 보이시죠? 바로 저기 저 앞입니다.
보선	말씀해 주셔서 고맙습니다.

그림 보고 말하기

문형 연습

- 당신은 버스에 오르기 전에 버스표를 사셔야 합니다.

  1 외출하다(uscire) / 전등을 끄다(spegnere la luce)
  2 등록하다(iscriversi) / 시험 보다(dare l'esame)
  3 잠자리에 들다(andare a letto) / 샤워하다(fare la docca)

- 표 값은 얼마인가요?

  1 바지(i pantaloni)
  2 상의(la giacca)
  3 부츠(gli stivali)

새단어

- persona che aspetta 기다리는 사람
- passa 지나가다(passare의 3인칭 단수)
- di qui 이리로, 이쪽으로
- strada 길, 도로
- il biglietto 표
- sull'autobus 버스에서
- prima di ~하기 전에
- edicola 가두 판매점
- dal tabaccaio 담배 가게에서
- oppure 혹은
- proprio 정확히, 바로
- all'angolo 모퉁이에
- a proposito 그런데, 그것과 관련해서
- ambasciata 대사관
- direzione 방향
- parte opposta 반대편
- dall'altro lato 건너편에서
- di fronte 앞에

연습문제 복합대명사, 재귀동사

01 〈보기〉와 같이 바꾸시오.

보기

Mi serve **quel libro**. (dare) → **Me lo** dai?
내게 그 책이 필요하다. 내게 그것을 줄래?

1. **Mi** serve **la macchina**. (prestare)

→

2. **Mi** servono **le chiavi di casa**. (dare)

→

3. **Mi** sevono **gli appunti**. (dare)

→

4. **Mi** va **un caffè**. (offrire)

→

5. **Mi** vanno **gli spaghetti**. (preparare)

→

6. **Mi** interessa **quella rivista**. (prestare)

→

02 〈보기〉와 같이 복합대명사로 답하시오.

보기

Mi presti **il libro**? – Sì, **te lo** presto volentieri.
내게 그 책을 빌려 줄래? 그래, 네게 그것을 기꺼이 빌려 줄게.

1. **Mi** presti **il dizionario**?

2. **Mi** presti **la penna**?

3. **Mi** presenti **i tuoi genitori**?

4. **Mi** presenti **le tue amiche**?

5. **Mi** offri **un caffè**?

6. **Mi** offri **una birra**?

03 〈보기〉와 같이 복합대명사로 답하시오.

보기

Quando **mi** presti **la macchina**? – **Te la** presto domani.
언제 내게 차를 빌려 줄래? 내일 네게 그것을 빌려 줄게.

1. Quando **mi** presenti **la tua amica**?

2. Quando **ci** dai **la cassetta**?

3. Quando **ci** porti **il computer**?

4. Quando fai vedere **la foto a Gino**?

5. Quando presenti **tua sorella a Sandra**?

6. Quando dai **la notizia ai tuoi genitori**?

04 재귀동사를 활용하시오.

1. Paolo e Marta ________________ (**incontrarsi**) ogni giorno al bar.
2. Paolo e Marta ________________ (**sposarsi**) l'anno prossimo.
3. Noi ________________ (**volersi**) molto bene.
4. Noi ________________ (**telefonarsi**) spesso.
5. Voi ________________ (**scriversi**) una e-mail al giorno?
6. Voi ________________ (**darsi**) del tu?

문화 한마디

이탈리아 대중교통

버스 (autobus)

이탈리아 시내버스는 모두 시에서 운영한다. 따라서 기사는 모두 시공무원이다. 승객은 미리 준비한 버스표를 양쪽 끝 입구에 마련된 개찰함에 넣어 탑승 일시를 찍어야 한다. 무턱대고 무임승차했다가 검표원에게 걸리면 벌금(multa)을 내야 한다.

이탈리아 사람 중 많은 사람이 정기권(abbonamento)을 소지하고 있어 개찰함에 넣지 않는다. 버스표는 1회용, 10회 묶음, 원데이 사용권, 한 달 정기권 등 여러 가지가 있다. 그리고 일단 한 번 찍은 버스표는 표에 표시된 시간 동안 몇 번을 갈아타도 계속 사용할 수 있다. 물론 개찰함에 찍지 않아도 된다. 참고로, 버스표는 정류장 주변의 ATAC, biglietteria 혹은 Bar나 신문 판매점, 담배 가게 등에서 구입할 수 있다.

지하철 (metro)

지하철은 metropolitana, 줄여서 metro라고 하는데 현재 로마와 밀라노 두 도시에서 지하철이 운영된다. 로마에는 A, B, C 세 노선이 있으며 A와 B 노선은 테르미니역을 교차한다. A 노선은 바티스티니와 아나니나 사이를, 로마에서 가장 처음으로 개통된 B 노선은 라우렌티나와 레비비아 사이를, C 노선은 몬테 콤파트리, 판타노와 파르코 디 센토셀레 사이를 달린다. 한편 밀라노는 1~4호선이 있으며 이탈리아에서 가장 길이가 긴 지하철을 운영한다.

지하철을 탈 때에는 반드시 승차권을 구입해야 하며 1회권, 1일권, 10회권 등이 있다. 승차권으로 개찰구를 통하며 승차권에 날짜와 시간이 찍혀 있는지 확인해야 한다.

Capitolo 19

Vorrei farmi visitare dal medico.

All'ambulatorio medico 병원 응급실에서

핵심 표현

- Vorrei farmi visitare dal medico.
  진찰받고 싶어요.
- Si accomodi pure in sala d'aspetto.
  대기실에 앉아 계세요.
- Quando arriva il suo turno, la chiamerò io.
  당신 차례가 되면 제가 부르겠습니다.
- Lei ce l'ha l'assistenza sanitaria?
  의료보험증을 갖고 계신가요?

Umbria

움브리아 주의 거리

기본회화

전체듣기 Track 099
따라듣기 Track 100

Bosun	Buongiorno, vorrei farmi visitare dal medico.
Infermiera	Prego, entri. Oggi ci sono molti pazienti, c'è da aspettare un po' : si accomodi pure in sala d'aspetto. Quando arriva il suo turno, la chiamerò io.
Bosun	Grazie.
	(……)
Medico	Mi dica che cos'ha?
Bosun	Da ieri ho un terribile mal di gola, mi sento debole e ho mal di testa.
Medico	Che brutta esperienza ammalarsi in un paese straniero, ma Lei ce l'ha l'assistenza sanitaria?
Bosun	Sì, dottore, ce l'ho, perché sono residente in Italia.

해설

- Prego, entri! : entrare 동사의 Lei에 대한 명령형이다. 접속법 활용을 하면 된다.

접속법 현재 활용			
	-are	-ere	-ire
Lei	-i	-a	-a

- 조건법 현재 / 직설법 미래

조건법 현재	
volere	
io	vorrei
tu	vorresti
lui	vorrebbe
noi	vorremmo
voi	vorreste
loro	vorrebbero

직설법 미래	
chiamare	
io	chiamerò
tu	chiamerai
lui	chiamerà
noi	chiameremo
voi	chiamerete
loro	chiameranno

- 기타 표현
  - il medico 의사
  - l'internista 내과의사
  - il chirurgo 외과 의사
  - l'ambulanza 구급차
  - l'oculista 안과 의사
- che brutta esperienza ~ : 감탄문의 형식은 'che + 형용사 + 명사!'로 쓴다.

- Lei ce l'ha ~ : l'ha=la(assistenza)+ha
  ce는 본래 ci였으나 la와 부딪히면서 모음을 변화시켰다.

- 몸이 아플 때 표현

• Mi porti all'ospedale.	병원에 데려다 주세요.
• Mi chiami un dottore.	의사를 불러 주세요.
• Mi sento male.	몸이 안 좋아요.
• Ho la febbre.	열이 있어요.
• Ho la diarrea.	설사를 해요.
• Ho un raffreddore.	감기에 걸렸어요.
• Mi gira la testa.	머리가 어지러워요.
• Mi dia un analgesico.	두통약 주세요.
• Mi cola il naso	콧물이 나요.
• Ho la tosse.	기침이 나요.
• Starnutisco troppo.	재채기가 심해요.
• Faccio fatica a ingoiare.	침을 삼킬 때 아파요.
• Ho mal di denti.	이가 아파요.
• Ho prurito sulla pelle.	피부가 가려워요.
• Mi si sono arrossati gli occhi.	눈이 충혈되었어요.
• Mi fischiano le orecchie.	귀에서 소리가 나요.

본문 해석

보선	안녕하세요, 진찰받고 싶은데요.
간호사	어서 오세요. 오늘은 환자들이 많아서 좀 기다려야 합니다. 대기실에 앉아 계세요. 당신 차례가 되면 제가 부르겠습니다.
보선	감사합니다.
	(……)
의사	어디가 아프신지 말씀하세요.
보선	어제부터 목이 무척 아파요. 힘이 쭉 빠지면서 머리도 아파요.
의사	외국에서 몸이 아픈 것은 매우 안 좋은 경험이에요. 그런데 의료보험증은 있나요?
보선	네, 의사 선생님, 갖고 있습니다. 이탈리아에 거주하고 있으니까요.

그림 보고 말하기

문형 연습

• 내과에서 진찰받고 싶은데요.

1 안과에서(dall'oculista)
2 치과에서(dal dentista)
3 외과에서(dal chirurgo)

• A: 어디가 아프신가요?
B: 열이 있어요.

1 감기에 걸렸어요
2 콧물이 나요
3 기침이 나요

새단어

- □ infermiera 간호사
- □ farmi visitare 나를 진찰받게 하다
- □ dal medico 병원에서
- □ pazienti 환자들
- □ c'è da aspettare 기다려야 하다
- □ si accomodi 앉으세요, 편히 하세요(accomodarsi)
- □ sala d'aspetto 대기실
- □ turno 차례, 순서
- □ malato 아픈
- □ brutta 나쁜
- □ ammalarsi 아프다, 병에 걸리다
- □ esperienza 경험
- □ l'assistenza sanitaria 의료보험증
- □ residente 거주민

연습문제 직설법 미래, 재귀동사(근과거), 명령형+대명사

01 〈보기〉와 같이 답하시오.

> 보기
>
> A che ora **vi siete svegliati** stamattina? – **Ci siamo svegliati** alle 9.
> 너희들은 오늘 아침 몇 시에 깼니? 우리들은 9시에 깼다.

1. Quando **si è sposato**, signor Fioretto? (sposarsi)
   ______________________ due anni fa.
2. Come **si è trovata** a Venezia, signora Fioretto? (trovarsi)
   ______________________ molto bene.
3. Quando **si è laureato** Antonio? (laurearsi)
   ______________________ tre anni fa.
4. A che ora **si sono svegliati** i tuoi genitori? (svegliarsi)
   ______________________ alle 8.
5. Quando **si sono iscritti** all'Università i tuoi amici? (iscriversi)
   ______________________ l'anno scorso.
6. Quanto tempo **si sono fermate** al bar le tue amiche? (fermarsi)
   ______________________ quasi due ore.

02 동사를 단순미래로 바꾸시오.

1. L'anno prossimo (**io-andare**) __________ in America a fare un corso di specializzazione.
2. Ornella è una donna intelligente: (**avere**) __________ sicuramente successo.
3. A marzo (noi-**cambiare**) __________ casa; (**andare**) __________ ad abitare vicino alla stazione centrale.
4. Il cielo è nuvoloso: fra poco (**cominciare**) __________ a piovere.
5. Sono senza macchina: (io-**dovere**) __________ andare in ufficio a piedi.
6. Giuseppe il mese prossimo (**dare**) __________ l'ultimo esame prima della laurea.
7. Domani nel mio ufficio (**arrivare**) __________ una nuova segretaria.

03 〈보기〉와 같이 직접대명사를 동반한 명령형(Tu)을 만드시오.

보기

Se ti piace **quel vestito**, compra**lo**!
그 옷이 좋으면 그것을 사라!

1. Se ti piace **quel cappello**, ______________________________!
2. Se ti piace **quella macchina**, ______________________________!
3. Se ti piacciono **quei libri**, ______________________________!
4. Se ti piacciono **quelle scarpe**, ______________________________!
5. Se ti piace **quel quadro**, ______________________________!
6. Se ti piacciono **quelle poltrone**, ______________________________!

04 〈보기〉와 같이 직접대명사를 동반한 명령형(Lei)을 만드시오.

보기

Se vuole prendere **un cioccolatino, lo** prenda pure!
초콜릿을 드시고 싶으시다면 그것을 어서 드세요!

1. Se vuole aprire **la finestra**, ______________________________!
2. Se vuole accendere **lo stereo**, ______________________________!
3. Se vuole leggere **questa lettera**, ______________________________!
4. Se vuole finire **l'esercizio**, ______________________________!
5. Se vuole invitare **i suoi amici**, ______________________________!
6. Se vuole ascoltare **questi CD**, ______________________________!

문화 한마디

이탈리아 와인

이탈리아는 프랑스와 더불어 세계적인 와인 생산국으로 알려져 있는데 포도의 재배와 발효를 최적화할 수 있는 자연 환경 덕분에 질 좋은 와인을 즐길 수 있는 것이다. 또한 일조량이 많은 지중해성 기후로 당도가 높고 산미가 약한 와인이 생산되며 적포도주와 로제 와인이 백포도주 와인보다 많이 생산되는 편이다.

이탈리아에서 와인이 생산되는 대표적인 지역이 베네치아 지방, 토스카나 지방과 리에몬테 지방인데, 이탈리아의 지리적 특성상 지역에 따라 와인의 맛이 다양한 것도 특징이라 할 수 있다. 매년 50억 리터의 와인이 생산되며 2천여 종의 라벨, 500여 종의 품종이 있다. 이탈리아 북부에서는 주로 적포도주와 샴페인, 스뿌 만떼(spumante) 등이 생산되고, 중부에서는 부드러운 끼안띠(chianti) 와인이 생산된다.

이탈리아 와인의 등급은 다음과 같이 나뉜다.

- D.O.C.G(Denominazione di Origine Controllata e Garantita): D.O.C 와인 중 농림부의 추천을 받은 와인으로 최고급 등급
- D.O.C(Denominazione di Origine Controllata): 원료가 되는 포도의 산지, 품종, 양조, 혼합 비율, 알코올 도수, 용기, 시음 등이 법률로 규정한 기준을 충족한 와인 등급
- IGT(Indicazione Geografica Tipica): 지역 특산주
- VDT(Vino da Tavola): 테이블 와인

와인을 가장 맛있게 마시는 방법은 먹기 2시간 전에 미리 마개를 열어 두는 것인데 그 이유는 그때가 되어서야 와인의 제맛이 나기 때문이라고 한다.

Capitolo 20

Sto cercando una nuova casa.

All'agenzia immobiliare 부동산에서

핵심 표현

- Sto cercando una nuova casa.
  새 집을 하나 찾는 중입니다.
- Sì, ho un regolare permesso di soggiorno.
  네, 정식 체류허가증을 갖고 있어요.
- Quindi mi basta un monolocale.
  그래서 원룸이면 충분해요.
- Io purtroppo non guadagno molto.
  안타깝게도 돈을 많이 못 벌어요.

Urbino in Marche

우르비노 역사지구

전체듣기 Track 101
따라듣기 Track 102

Impiegata	Buongiorno signore, posso esserLe utile?
Bosun	Sì, sto cercando una nuova casa.
Impiegata	Lei è già residente in Italia?
Bosun	Sì, sì, ho un regolare permesso di soggiorno.
Impiegata	Bene, bene. Mi dica, che tipo di sistemazione sta cercando?
Bosun	Io sono da solo, quindi mi basta un monolocale, possibilmente arredato, con bagno e cucinino.
Impiegata	Ho capito. E mi dica, quanto sarebbe orientato a spendere come affitto mensile?
Bosun	Guardi, io purtroppo non guadagno molto, e non posso permettermi di spendere più di 400 euro al mese per la casa.
Impiegata	In questo caso, dobbiamo escludere tutta la zona centrale : sa, in centro gli affitti sono altissimi, ma se si va in periferia, il discorso è molto diverso.

해설

- posso esser<u>Le</u> utile? : 직역하면 '당신께 제가 유용할 수 있을까요?', 즉 '무엇을 도와드릴까요?'
  (Le = to you)
- Sto cercando : 현재진행형으로서 stare 동사의 현재 활용 + { -ando(-are) / -endo(-ere) / -endo(-ire) }
- mi <u>dica</u> : dire 동사의 Lei에 대한 명령형이고 반면에 tu에 대한 명령형은 <u>dimmi</u>(di'+mi)이다.
-

	직설법 현재	접속법 현재
	stare(있다, 머무르다)	dire(말하다)
io	sto	dica
tu	stai	dica
lui	sta	dica
noi	stiamo	diciamo
voi	state	diciate
loro	stanno	dicano

■ 명령법(불규칙 형태)

	dire	fare	andare	dare	stare	avere	essere	venire	
(tu)	di'	fa'	va'	da'	sta'	abbi	sìi	vieni	
(Lei)	dica	faccia	vada	dia	stia	abbia	sia	venga	접속법 현재와 동일
(noi)	diciamo	facciamo	andiamo	diamo	stiamo	abbiamo	siamo	veniamo	직설법 현재와 동일
(voi)	dite	fate	andate	date	state	abbiate	siate	venite	
(Loro)	dicano	facciano	vadano	diano	stano	abbiano	siano	vengano	접속법 현재와 동일

■

	직설법 근과거		조건법 현재	직설법 현재
	capire(이해하다)		essere(이다)	sapere(알다)
io	ho	capito	sarei	so
tu	hai		saresti	sai
lui	ha		sarebbe	sa
noi	abbiamo		saremmo	sappiamo
voi	avete		sareste	sapete
loro	hanno		sarebbero	sanno

본문 해석

여직원	안녕하세요. 손님, 무엇을 도와드릴까요?
보선	새 집을 하나 찾는 중입니다.
여직원	당신은 이탈리아에 거주하고 계신가요?
보선	네, 네. 정식 체류허가증을 갖고 있습니다.
여직원	좋습니다. 말씀하시죠. 어떤 형태의 집을 찾고 계신가요?
보선	저는 혼자입니다. 그래서 원룸이면 충분합니다. 가능하면 가구가 딸려 있고 욕실과 미니 부엌이 포함된 것이면 됩니다.
여직원	알겠습니다. 그럼 말씀해 주십시오. 월세로 얼마를 내실 수 있으세요?
보선	보세요, 저는 안타깝게도 돈을 많이 못 법니다. 그래서 집세로 월 400유로 이상 지출할 수가 없군요.
여직원	이러한 경우에는 중심 지역을 제외해야 합니다. 당신도 아시다시피, 중심지 월세는 무척 비쌉니다. 그러나 외곽으로 가신다면, 얘기는 상당히 달라집니다.

그림 보고 말하기

문형 연습

• 나는 새로운 집을 찾고 있는 중이다.

1 사무실에서 일하고 있는 중 (일하다 lavorare, 사무실에서 in ufficio)
2 도서관에서 독서하는 중 (독서하다 leggere, 도서관에서 in biblioteca)
3 클래식을 듣고 있는 중 (듣다 ascoltare, 클래식 una musica classica)

• 어떤 유형의 집을 찾고 계신가요?

1 남자(uomo)
2 음악(musica)
3 바지(pantaloni)

새단어

- impiegata 여직원
- utile 유용한, 도움될 만한
- sto cercando 나는 찾는 중이다(cercare)
- residente 거주인
- regolare 정식의, 정규의
- permesso di soggiorno 체류허가증
- sistemazione 주거
- che tipo di~ 어떤 유형의~
- mi basta 내게는 충분하다(bastare)
- possibilmente 가능한 한
- bagno 욕실
- ho capito 나는 이해했다(capire)
- essere orientato a~ ~에 바람직하다(orientare)
- guardi 보세요(guardare의 Lei에 대한 명령형)
- posso permettermi di~ 나는 내게 ~을 허락할 수 있다 (permettersi)
- escludere 제외하다
- altissimi 매우 비싼, 높은

연습문제 직설법 근과거 / 불완료 과거, 명령형(불규칙)

01 〈보기〉와 같이 긍정명령(Tu)으로 바꾸시오.

> 보기
>
> Andrea, ti prego di **dire** la verità. – Andrea, **di’** la verità!
> 안드레아, 진실을 말하길 부탁한다. 안드레아, 진실을 말해라!

1. Andrea, ti prego di **andare** subito a casa.

   ____

2. Andrea, ti prego di **fare** subito gli esercizi.

   ____

3. Andrea, ti prego di **stare** calmo.

   ____

4. Andrea, ti prego di **dare** una mano a Pietro.

   ____

5. Andrea, ti prego di **avere** pazienza.

   ____

6. Andrea, ti prego di **essere** ordinato.

   ____

02 직설법 과거시제(근과거/불완료 과거)로 답하시오.

1. Giorgio (telefonare) __________ a Maurizio, poi (**uscire**) __________ con Adriana.
2. Mantre (io-fare) __________ colazione, (**arrivare**) __________ i miei amici.
3. Quando Francesco (**essere**) __________ bambino, (**giocare**) __________ spesso in giardino.
4. Mentre Claudio (nuotare) __________, Anna (**prendere**) __________ il sole.
5. Da bambino durante le vacanze (io-**andare**) __________ in campagna dai nonni.
6. Ieri sera Franco (**parlare**) __________ al telefono con Anna fino a tardi.

03 직설법 과거시제(근과거/불완료 과거)로 답하시오.

1. Ieri (voi-**avere**) ______________ lezione dalle otto alle nove?
2. Giorgio non (**salutare**) ______________ i suoi amici, perché (**avere**) ______________ fretta.
3. Maria (**lasciare**) ______________ il suo ragazzo, perché (lui-**essere**) ______________ troppo geloso.
4. I bambini (**essere**) ______________ molto stanchi, perciò (**andare**) ______________ a letto presto.
5. Da giovane mio padre (**sciare**) ______________ molto bene.
6. Mentre mia nonna (**guardare**) ______________ la TV, (**addormentarsi**) ______________.

04 직설법 과거시제(근과거/불완료 과거)로 답하시오.

LETTERA AL DIRETTORE

Vorrei raccontare una storia triste…

(**Essere**) ______________ una sera buia e fredda e le strade (**essere**) ______________ bianche di neve.

Come al solito (io-**tornare**) ______________ a casa dalla fabbrica dove (lavorare) ______________.

A un tratto (**vedere**) ______________ in mezzo alla strada qualcosa che si muoveva e (io-**avvicinarsi**) ______________.

(**Essere**) ______________ un cagnolino, (**avere**) ______________ freddo ed (**essere**) ______________ tutto bagnato. Io non (**sapere**) ______________ che cosa fare.

Dopo un po' (io-**prendere**) ______________ il cucciolo, (**andare**) ______________ a casa e gli (**dare**) ______________ un po' di latte caldo. Adesso è Chicco, un vero amico.

(Maria Paola, Chieti)

폼페이
(Pompei)

폼페이는 나폴리와 소렌토 사이에 있었던 고대 로마 도시였는데 B.C 7세기부터 오스크 인이 취락을 이루기 시작하여 로마의 도시로 발전하였다. 로마 귀족이 즐기던 휴양지였는데 서기 79년에 베수비오 화산 폭발로 일순간에 도시 전체가 매몰되었다. 폼페이 화산 폭발 사건은 플리니우스의 조카 플리니우스 2세가 타키투스라는 역사학자에게 보낸 편지에 기록되었다. 화산이 폭발하기 전부터 베수비오 산 주변에서 이상한 기운이 감지되었다는 내용이 전해졌고 화산 활동을 관찰하기 위해 플리니우스는 베수비오 산을 향해 갔는데 결국 화산의 폭발로 목숨을 잃었다.

1748년 프랑스 부르봉 왕조가 폼페이에 대한 발굴을 시작하였다. 이때의 발굴로 가치가 있는 유물은 프랑스에 의해 약탈되었다. 이후 1861년 이탈리아가 통일되고 국왕 빗토리오 엠마뉴엘레 2세는 폼페이의 대대적인 발굴을 명령하였다. 본격적으로 폼페이 발굴 작업이 시작되었고 이 작업을 통해 오랫동안 화산재로 뒤덮였던 도시에서 극장, 원형 경기장 등 당대의 건물뿐만 아니라 화석이 된 2천여년 전의 사람도 발견되었다. 화산재가 1~7m의 두께로 덮여 있었기 때문에 폼페이가 화려한 문명을 꽃피웠던 도시의 모습과 사람들의 생활상을 그대로 남아 있음을 볼 수 있었다.

한때 화산 폭발로 사라졌던 도시는 현재 많은 관광객이 찾는 유적지가 되었다. 로마 시대를 유추할 수 있는 건축물, 벽화, 조각 등을 통해 당시 로마 시대와 당대의 생활 모습을 생생하게 느껴볼 수 있다.

1과

01

1. È australiana.
   샌디는 시드니 출신이다.
   → 그녀는 호주 여자이다.

2. È russa.
   이리나는 모스크바 출신이다.
   → 그녀는 러시아 여자이다.

3. È coreana.
   지민이는 서울 출신이다.
   → 그녀는 한국 여자이다.

4. È cinese.
   샤오는 북경 출신이다.
   → 그는 중국 남자이다.

5. È spagnolo.
   도밍고는 마드리드 출신이다.
   → 그는 스페인 남자이다.

6. È svizzero.
   한스는 베른 출신이다.
   → 그는 스위스 남자이다.

7. È austriaco.
   이레네는 비엔나 출신이다.
   → 그는 오스트리아 남자이다.

8. È italiano.
   지오반니는 피렌체 출신이다.
   → 그는 이탈리아 남자이다.

9. È olandese.
   히딩크는 암스테르담 출신이다.
   → 그는 네덜란드 남자이다.

10. È greca.
    아나스타시아는 아테네 출신이다.
    → 그녀는 그리스 여자이다.

11. È francese.
    삐에르는 파리 출신이다.
    → 그는 프랑스 남자이다.

12. È tedesco.
    토마스는 뮌헨 출신이다.
    → 그는 독일 남자이다.

02

1. Le notizie importanti 중요한 소식들
2. I libri noiosi 지루한 책들
3. Le amiche gentili 친절한 여자 친구들
4. Gli studenti bravi 훌륭한 학생들
5. Le macchine veloci 빠른 자동차들
6. Le pareti bianche 하얀 벽들

03

1. Queste storie sono molto divertenti.
   이 이야기들은 매우 재미있다.
2. Queste frasi sono molto facili.
   이 문장들은 매우 쉽다.
3. Queste bambine sono molto carine.
   이 여자 어린이들은 매우 예쁘다.
4. Questi esercizi sono molto difficili.
   이 연습 문제들은 매우 어렵다.
5. Queste aule sono molto grandi.
   이 강의실들은 매우 크다.
6. Questi orologi sono molto belli.
   이 시계들은 매우 아름답다.

2과

01

la	il	la	il
la	il	la	la
il	il	il	il
il	la	la	il
il	il	la	la

02

una	un	una	un
una	un	una	una
un	un	un	un
un	una	una	un
un	un	una	una

03

1. I banchi sono nell'aula.
   그 책상들은 강의실에 있다.
2. Le matite sono nella borsa.
   그 연필들은 가방 안에 있다.
3. I quaderni sono nel cassetto.
   그 노트들은 서랍 안에 있다.
4. I bicchieri sono sul tavolo.
   그 잔들은 테이블 위에 있다.
5. I dizionari sono sulla sedia.
   그 사전들은 의자 위에 있다.
6. Le borse sono sulla sedia.
   그 가방들은 의자 위에 있다.

04

1. I tavoli sono poccoli.
   그 테이블들은 작다.
2. Le lavagne sono nere.
   그 칠판들은 검은색이다.
3. I libri sono nuovi.
   그 책들은 새것이다.
4. Le porte sono chiuse.
   그 문들은 닫혀 있다.
5. I giormali sono interessanti.
   그 신문들은 흥미롭다.
6. Le signore sono francesi.
   그 부인들은 프랑스 사람이다.

3과

01

1. mangiamo 우리는 레스토랑에서 늘 밥을 먹는다.
2. scriviamo 우리는 엽서를 쓴다.
3. dormiamo 우리는 조금 잔다.
4. leggiamo 우리는 신문을 읽는다.
5. parlate 너희들은 영어를 잘하는구나.
6. conoscete 너희들은 나폴리를 잘 알고 있구나.

02

1. compro il giornale.
   나도 신문을 산다.
2. bevo solo acqua minerale.
   나도 생수만을 마신다.
3. leggo un libro.
   나도 책을 읽는다.
4. arrivi sempre tardi.
   너도 늘 늦게 도착하는구나.
5. dormi in alvergo stanotte.
   너도 오늘밤 호텔에서 자는구나.
6. scrivi un'e-mail.
   너도 이메일을 쓰는구나.

03

1. Nell'aula ci sono gli studenti.
   강의실에 학생들이 있다.
2. Nell'aula c'è la professoressa.
   강의실에 여교수님이 계신다.
3. Nell'aula c'è una ragazza tedesca.
   강의실에 독일 아가씨가 있다.
4. Nell'aula c'è un ragazzo danese.
   강의실에 덴마크 청년이 있다.
5. In Italia ci sono molti studenti.
   이탈리아에 많은 학생들이 있다.
6. A Firenze ci sono molti turisti.
   피렌체에 많은 관광객이 있다.

4과

01

1. va 아침에 피에로는 9시에 회사에 간다.
2. vanno 정오에 학생들은 구내식당에 간다.
3. vado 매일 저녁 나는 마리나와 수영장에 간다.
4. Andiamo 우리는 늘 자정 전에 잠자리에 든다.

02

1. viene 디르크는 하이델베르그 출신이다.
2. vengono 저 아가씨들은 브라질 출신이다.
3. vieni 삐에르, 어디 출신이니?
4. viene 까를리 씨, 우리와 영화관에 가실래요?

03

1. Paolo, posso andare in bagno?
   파올로, 화장실에 가도 되겠니?
2. Paolo, posso prendere un bicchiere d'acqua?
   파올로, 물 한 잔 마셔도 되겠니?
3. Paolo, posso aprire la finestra?
   파올로, 창문을 열어도 되겠니?

04

1. Signor Fioretto, vuole venire al bar?
   피오레또 씨, 바에 가실래요?
2. Signor Fioretto, vuole bere qualcosa di fresco?
   피오레또 씨, 시원한 것 좀 마실래요?
3. Signor Fioretto, vuole venire al cinema stasera?
   피오레또 씨, 오늘 저녁 영화관에 가실래요?

05

1. il tuo 지오르지오, 이것은 너의 시계니?
2. i tuoi 로베르따, 이것들은 너의 옷이니?
3. la sua 부인, 이것은 당신의 승용차인가요?
4. le sue 박사님, 이것들은 당신의 펜인가요?
5. i tuoi 파올로, 이것은 너의 안경이니?
6. le sue 부인, 이것들은 당신의 열쇠인가요?
7. il tuo 끼아라, 이것은 너의 스웨터니?
8. i suoi 교수님, 이들은 당신의 학생인가요?
9. la sua 박사님, 이것은 당신의 가방인가요?
10. i vostri 얘들아, 이것들은 너희들 스쿠터니?
11. la vostra 얘들아, 이것은 너희들 집이니?
12. la vostra 얘들아 이것은 너희들 반이니?
    (존칭 '당신의'는 suo인데, s를 대문자로 써도 된다.)

5과

01

1. spedisce 그라찌아는 편지를 발송한다.
2. spedisco 나는 소포를 부친다.
3. capisco 나는 네가 천천히 말할 때 이해한다.
4. capiscono 학생들은 이 말들을 잘 이해한다.

02

1. Paolo scrive un'e-mail.
   파올로는 이메일을 쓴다.
2. Paolo mangia un panino.
   파올로는 샌드위치를 먹는다.
3. Paolo canca una canzone italiana.
   파올로는 이탈리아 노래를 부른다.
4. Paolo suona il violino.
   파올로는 바이올린을 연주한다.
5. I ragazzi leggono il giornale.
   청년들은 신문을 읽는다.
6. I bambini mangiano il gelato.
   아이들은 아이스크림을 먹는다.

03

1. non studia mai.
   마르티나는 절대로 공부하지 않는다.
2. non prendiamo mai l'autobus.
   우리는 절대로 버스를 타지 않는다.
3. non finisci mai di lavorare tardi.
   너는 절대로 일을 늦게 끝내지 않는구나.
4. non arrivate mai tardi.
   너희들은 절대로 늦게 도착하지 않는구나.
5. non guardo mai la TV.
   나는 절대로 TV를 보지 않는다.
6. non dormono mai il pomeriggio.
   그들은 오후에 절대로 잠을 자지 않는다.

04

1. finisce / torna
   마우로의 아버지는 18시에 일을 끝내고 즉시 집으로 돌아온다.

2. frequentano
   크리스트나의 친구들은 파리에서 프랑스어 과정을 다닌다.

3. mangiamo
   '지중해' 피자집에서 우리는 늘 맛있는 피자를 먹고 돈은 조금만 쓴다.

4. Telefono
   "너 뭐해?" / "마르코에게 전화하는데 늘 통화 중이야."

5. Prendiamo
   우리는 아침마다 바에서 커피를 마신다.

6. resto / guardo
   오늘 나는 집에 있고 TV를 본다.

6과

01

1. Anche ieri ho dormito fino a tardi.
   어제도 나는 늦게까지 잠을 잤다.

2. Anche ieri ho ricevuto molte e-mail.
   어제도 나는 많은 이메일을 받았다.

3. Anche ieri ho incontrato i miei amici in centro.
   어제도 나는 시내에서 나의 친구들을 만났다.

02

1. Anche ieri pomeriggio Sandro è venuto a casa mia.
   어제 오후에도 싼드로는 나의 집에 왔다.

2. Anche ieri sera Gianni è tornato a casa tardi.
   어제 저녁에도 쟌니는 집에 늦게 돌아왔다.

3. Anche ieri mattina Francesco è uscito di casa alle 17.
   어제 아침에도 프란체스꼬는 17시에 외출했다.

03

1. Ho fatto una passeggiata in centro.
   나는 시내에서 산책을 했다.

2. Hai comprato una macchina nuova?
   너 새 차 한 대 샀니?

3. Laura è arrivata alle 11.
   라우라는 11시에 도착했다.

4. Abbiamo preso il treno delle 9.
   우리는 9시 기차를 탔다.

5. Siete partiti/e con l'aereo?
   너희들은 비행기로 떠났니?

6. Anna e Stella sono restate a casa.
   안나와 스텔라는 집에 있었다.

04

1. sono tornato
   너는 몇 시에 귀가했니?
   나는 자정에 귀가했어.

2. sono venuto
   너는 누구와 밀라노에 왔니?
   나는 혼자 왔어.

3. Ho comprato
   너는 언제 이 차를 샀니?
   나는 일주일 전에 샀어.

4. È partita
   끌라우디아는 누구와 떠났니?
   그녀는 로렌조와 떠났어.

5. Ha telefonato
   엘레나는 언제 전화했니?
   그녀는 조금 전에 전화했어.

6. È arrivato
   버스는 몇 시에 도착했나요?
   1시에 도착했어요.

7. Abbiamo cambiato
   너희들은 언제 이사했니?
   우리는 작년에 이사했어.

8. Siamo uscite
   너희들은 몇 시에 외출했니?
   우리는 7시에 외출했어.

9. Abbiamo finito
너희들은 언제 일을 끝냈니?
우리는 30분 전에 끝냈어.

10. Hanno passato
너의 친구들은 휴가를 어디서 보냈니?
그들은 산에서 보냈어.

11. Sono partiti
그 청년들은 무엇을 타고 떠났니?
그들은 자동차를 타고 떠났어.

12. Hanno telefonato
안나와 스테파노는 언제 전화했니?
그들은 어제 저녁에 전화했어.

7과

01

1. Due giorni fa, invece, ho scritto un'e-mail a Luca.
반면에 이틀 전에 나는 루카에게 이메일을 썼다.

2. Sabato scorso, invece, Claudia ha finito di lavorare alle 13.
반면에 지난 토요일에 크라우디아는 13시에 일을 끝냈다.

3. Domenica scorsa, invece, ragazzi sono passati tutto il giorno al mare.
반면에 지난 일요일에 청년들은 바닷가에서 하루 종일 시간을 보냈다.

4. Ieri mattina, invece, stefano ha dormito fino alle 7.
반면에 어제 아침에 스테파노는 7시까지 잠을 잤다.

02

1. Ahche ieri sera sono rimasti a casa.
어제 저녁에도 그들은 집에 머물렀다.

2. Anche l'estate scorsa sono arrivati molti turisti a Firenze.
작년 여름에도 많은 관강객이 피렌체에 왔다.

3. Anche l'altro ieri sono andato/a a fare un giro in centro dopo la lezione.
그저께에도 나는 수업 후 시내 투어를 하러 갔다.

4. Anche ieri sera è uscita con le sue amiche dopo cena.
어제 저녁에도 그녀는 저녁 식사 후 여자 친구들과 외출했다.

03

1. ha finito / ha acceso
어제 마테오는 저녁 식사를 끝내고 난 후, 뉴스를 보기 위해 TV를 켰다.

2. sono arrivato/a / ho perso
오늘 아침 나는 기차역에 늦게 도착했고 기차를 놓쳤다.

3. sono andati / hanno prenotato
며칠 전 내 친구들은 여행사에 갔고 이집트 여행을 예약했다.

4. abbiamo incontrato / abbiamo parlato / è salito / abbiamo preso
버스 정류장에서 우리는 안토니오를 만났고, 이런 저런 이야기를 나눈 후, 그는 22번 버스에 올랐고, 우리는 39번 버스를 탔다.

5. è rimasta / ha ascoltato / ha scritto / ha conosciuto
어제 발레리아는 오후 내내 집에 머물렀고 음악을 감상했으며 휴가 때 알게 된 청년에게 편지를 썼다.

6. sei tornato
로렌조, 너는 휴가에서 언제 돌아왔니? - 일주일 전에.

7. abbiamo fatto / abbiamo passato / abbiamo pranzato / siamo tornati
지난 일요일 쎄르지오와 나는 시골에서 여행했고, 푸른 자연 속에서 하루 종일 시간을 보냈고 점심을 도시락으로 먹고 19시쯤에 돌아왔다.

8. siete partiti
얘들아, 밀라노에서 언제 떠났니? - 2시간 전에.

9. ha preso
교수님, 벌써 커피 드셨어요?

10. ho letto / ho avuto
오늘 나는 아직 신문을 못 읽었다. 왜냐하면 시간이 없었기 때문이다.

11. è arrivata / sono stata / sono andata
아가씨, 오늘 아침 늦게 오셨어요. 무슨 일 있으세요?
- 죄송합니다만 간밤에 아팠어요. 그래서 오늘 아침 병원에 갔었어요.

12. ha cominciato
어제 저녁 알도는 추리소설을 읽기 시작했다.

8과

01

1. Frequenteremo un corso di inglese.
우리는 영어 과정을 다닐 예정이다.

2. Cercheremo un nuovo lavoro.
우리는 새로운 일을 찾을 예정이다.

3. Spediremo la lettera fra poco.
우리는 잠시 후 편지를 부칠 예정이다.

4. Studieremo lo spagnolo.
우리는 스페인어를 공부할 예정이다.

02

1. Passerai le vacanze in città l'estate prossima?
너는 내년 여름에 도시에서 휴가를 보낼 예정이니?

2. Smetterai di fumare?
너는 금연할 예정이니?

3. Comincerai a lavorare presto domattina?
너는 내일 아침 일찍 일을 시작할 예정이니?

4. Patrizia comprerà una macchina nuova?
빠뜨릿지아는 새 차를 살 예정이니?

03

1. Anche domani pioverà.
내일도 비가 올 것이다.

2. Anche domani studierò fino a tardi.
내일도 나는 늦게까지 공부할 것이다.

3. Anche domani dormirò di più.
내일도 나는 잠을 더 잘 것이다.

4. Anche domani verremo a cena da te.
내일도 우리는 너희 집에 저녁 먹으러 갈 것이다.

04

1. Dopo la partita Carlo ternerà a casa.
시합을 본 후 카를로는 귀가할 것이다.

2. Dopo la lezione Carlo telefonerà a Mara.
수업을 들은 후 카를로는 마라에게 전화할 것이다.

3. Dopo lo spettacolo Carlo andrà al ristorante.
공연을 본 후 카를로는 레스토랑에 갈 것이다.

4. Dopo l'universifà Carlo farà il servizio militare.
대학 졸업 후 카를로는 군복무를 할 것이다.

9과

01

1. Mi addormento 나는 자정에 잠이 든다.
2. Mi fermo a Londra 나는 2주 정도 런던에 머문다.
3. Mi laureo 나는 11월에 대학을 졸업한다.
4. Mi sposo 나는 7월 29일에 결혼한다.

02

1. Mi sono vestito in fretta.
나는 급히 옷을 입었다.

2. Mi sono fatto la barba.
나는 면도했다.

3. Ti sei lavato con l'acqua fredda.
너는 찬물로 씻었구나.

4. Ti sei dimenticato di chiudere la porta a chiave.
너는 열쇠로 문 닫는 것을 잊었구나.

03

1. Ci siamo addormentati
우리는 자정에 잠이 들었다.

2. Ci siamo laureate
우리는 지난달에 대학을 졸업했다.

3. Ci siamo fermati
우리는 일주일간 머물렀다.

4. Mi sono alzata
나는 7시에 일어났다.

04

1. Devo alzarmi subito. / Mi devo alzare subito.
나는 곧 일어나야 한다.

2. Devo vestirmi in fretta. / Mi devo vestire in fretta.
나는 급히 옷을 입어야 한다.

3. Dobbiamo svegliarci presto. / Ci dobbiamo svegliare presto.
우리는 일찍 잠에서 깨야 한다.

4. Dobbiamo farci la doccia. / Ci dobbiamo fare la doccia.
우리는 면도를 해야 한다.

10과

01

1. Mentre mangiavo, sono arrivati i miei amici.
내가 밥을 먹는데 내 친구들이 왔다.

2. Mentre Paolo usciva, è suonato il telefono.
파올로가 외출하는데 전화가 울렸다.

3. Mentre leggevo il giornale, hanno bussato alla porta.
내가 신문을 읽는데 그들이 문을 두드렸다.

4. Mentre telefonavamo a Stefano, lui è arrivato.
우리가 스테파노에게 전화하는데 그가 왔다.

02

1. Mentre aspettava l'autobus, Lorenzo leggeva il giornale.
로렌조는 버스를 기다리면서 신문을 읽고 있었다.

2. Mentre ascoltavano il professore, gli studenti prendevano appunti.
학생들은 교수님 말씀을 들으면서 노트 필기를 하고 있었다.

3. Mentre Gabriella parlava, io pensavo ad altre cose.
가브리엘라가 말을 하는데 나는 다른 생각을 하고 있었다.

4. Mentre i bambini studiavano, Marina guardava la TV.
아이들이 공부를 하는데 마리아는 TV를 보고 있었다.

03

1. Quando è suonato il telefono, mangiavo.
전화가 울렸을 때, 나는 밥을 먹고 있었다.

2. Quando Antonio è tornato, dormivo.
안토니오가 돌아왔을 때, 나는 잠을 자고 있었다.

3. Quando Giovanni ha telefonato, studiavo.
지오반니가 전화했을 때, 나는 공부하고 있었다.

4. Quando i bambini sono arrivati a casa, ascoltavo la musica.
아이들이 집에 도착했을 때, 나는 음악을 듣고 있었다.

04

1. ha telefonato / sapeva
지오르지오는 전화번호를 몰라서 피나에게 전화하지 못했다.

2. hanno mangiato / avevano
아이들은 배고프지 않아서 고기를 먹지 않았다.

3. è andata / stava
마리아는 아파서 수업에 가지 못했다.

4. si sono addormentati / avevano
청년들은 졸리지 않아서 간밤에 늦게 잠이 들었다.

5. ha aspettato / aveva
마르타는 급했기 때문에 이보를 기다리지 않았다.

6. è andato / voleva
카를로는 맥주를 마시고 싶어서 바에 갔다.

11과

01

1. Ascolterei la musica.
나는 정말 음악을 듣고 싶다.

2. Giocherei a carte.
나는 정말 카드놀이 하고 싶다.

3. Leggerei un libro.
나는 정말 책을 읽고 싶다.

4. Prenderei un caffè.
나는 정말 커피를 마시고 싶다.

02

1. Vedrei Mario.
   나는 정말 마리오가 보고 싶다.
2. Verresti da noi?
   너 정말 우리집에 오고 싶니?
3. Berrebbe una birra.
   그는 정말 맥주를 마시고 싶어 한다.
4. Andrebbe in vacanza.
   그녀는 정말 휴가 가고 싶어 한다.

03

1. Berrei volentieri una birra.
   나는 정말로 맥주 마시고 싶다.
2. Dormirei ancora un po'.
   나는 정말로 아직 조금 더 자고 싶다.
3. Farei volentieri un pisolino.
   나는 정말로 잠깐 눈을 붙이고 싶다.
4. Resterei volentierei a casa.
   나는 정말로 집에 있고 싶다.

04

1. Mangerei volentieri un gelato.
   나는 정말로 아이스크림을 먹고 싶다.
2. Giorgia uscirebbe volentieri un po'.
   지오르지아는 정말로 잠시 외출하고 싶어 한다.
3. Rimarremmo volentieri a casa.
   우리는 정말로 집에 남고 싶다.
4. Comprerei volentieri l'ultimo CD di Lucio Dalla.
   나는 정말로 루치오 달라의 최근 CD를 사고 싶다.

12과

01

1. Gli spettacoli divertenti 재미있는 공연들
2. Gli zaini nuovi 새 배낭들
3. Gli attori francesi 프랑스 배우들
4. I cantanti americani 미국 가수들

02

1. Questi studenti sono molto intelligenti.
   이 학생들은 매우 똑똑하다.
2. Questi ragazzi sono molto gentili.
   이 청년들은 매우 친절하다.
3. Questi documenti sono molto importanti.
   이 서류들은 매우 중요하다.
4. Questi vestiti sono molto cari.
   이 옷들은 매우 비싸다.

03

1. partite 너희들은 오늘 저녁 떠나는구나.
2. aprono 파올로와 쟌니는 창문을 연다.
3. ascoltano 마리아와 미켈레는 가벼운 음악을 듣는다.
4. prendono 코르셋티 부부는 늘 승용차를 탄다.

04

1. Sul banco c'è il libro di Ingrid.
   책상 위에 잉그리드의 책이 있다.
2. Sul tavolo c'è il telefonino di Giorgio.
   테이블 위에 지오르지오의 휴대폰이 있다.
3. Nella borsa ci sono i soldi.
   가방 속에 돈이 있다.
4. Nella borsa c'è il portafoglio.
   가방 속에 지갑이 있다.

13과

01

1. Comprerei un vestito nuovo.
   나는 정말로 새 옷을 사고 싶다.
2. Guarderei un po' di TV.
   나는 정말 TV를 좀 보고 싶다.
3. Ascolterei un po' di musica.
   나는 정말 음악을 좀 듣고 싶다.
4. Farei quattro chiacchiere con Anna.
   나는 정말로 안나와 수다를 떨고 싶다.

02

1. Dormiresti fino a tardi?
   너는 정말로 늦게까지 자고 싶니?

2. Franco cambierebbe lavoro.
   프랑코는 정말로 일자리를 바꾸고 싶어 한다.

3. Prenderemmo qualche giorno di ferie.
   우리는 정말로 며칠 간의 휴가를 얻고 싶다.

4. Scriverei a Stefano.
   나는 정말로 스테파노에게 편지를 쓰고 싶다.

03

1. ci divertiamo 그래, 우리는 매우 재미있다.
2. Ci fermiamo 우리는 늘 하루를 머문다.
3. Si trova 그녀는 매우 잘 지내고 있다.
4. Si riposano 그들은 16시까지 쉰다.

04

1. Anche ieri Maria si è annoiata davanti alla TV.
   어제도 마리아는 TV 앞에서 지루했다.

2. Anche ieri Maria si è truccata in fretta.
   어제도 마리아는 급히 화장했다.

3. Anche ieri noi ci siamo lavati i capelli.
   어제도 우리는 머리를 감았다.

4. Anche ieri Mario e Giorgio si sono svegliati alle 7.
   어제도 마리오와 지오르지오는 7시에 잠에서 깼다.

14과

01

1. capisci
   너는 영어를 잘 이해하는구나.

2. finisco
   나는 일찍 일을 끝낸다.

3. finisce
   미켈레는 오늘 저녁 일을 끝낸다.

4. finiamo
   우리는 이탈리아어 연습문제를 끝낸다.

5. scrivi / scrivo
   "너 뭐해? 클라우드에게 편지 쓰니?"
   "아니, 어머니께 엽서 써."

6. Paghiamo
   우리는 아파트 월세로 한 달에 420유로를 지불한다.

7. incontra
   카를라는 매일 아침 바에서 교수님을 만난다.

8. Ricevo
   나는 친구들로부터 많은 이메일을 받는다.

02

1. Mangia meno! 덜 먹어라!
2. Prendi una decisione! 결정을 내려라!
3. Parti subito! 곧 떠나라!
4. Abbassa la televisione! TV 볼륨을 낮춰라.

03

1. Bambini, mettete in ordine la camera!
   얘들아, 방 정리해라!

2. Bambini, mettetevi il pigiama!
   얘들아, 파자마 입어라!

3. Bambini, apparecchiate la tavola!
   얘들아, 식탁 세팅해라(밥상 차려라)!

4. Bambini, aprite la porta!
   얘들아, 문을 열어라!

04

1. Ascolta i miei consigli! 내 충고를 들어라!
2. Partiamo subito! 우리, 곧 떠나자!
3. Leggete questo libro! 너희들, 이 책을 읽어라!
4. Assaggia questo vino! 이 와인 맛을 봐라!

15과

01

1. Marta, puoi abbassare la radio?
   마르타, 라디오 볼륨을 낮춰줄 수 있겠니?

2. Marta, puoi comprare il giornale?
마르타, 신문을 사다 줄 수 있겠니?

3. Marta, puoi ripetere la domanda?
마르타, 질문을 반복해 줄 수 있겠니?

4. Marta, puoi parlare a bassa voce?
마르타, 작은 소리로 말해 줄 수 있겠니?

5. Marta, puoi fare meno rumore?
마르타, 조용히 해 줄 수 있겠니?

6. Marta, puoi aspettare un momento?
마르타, 잠시 기다려 줄 수 있겠니?

02

1. vai
오늘 저녁 너는 마르코와 피자집에 가니?

2. Vai
오늘 저녁 너는 영화관에 가니?

3. Andate
너희들 토요일에 저녁 먹으러 레스토랑에 가니?

4. va
바르톨리 씨는 이번 주말에 바닷가에 가니?

03

1. vengo
나는 너희들과 시내에 기꺼이 가겠다.

2. venite
얘들아, 너희들은 어디 출신이니?

3. veniamo
우리는 너희들 파티에 기꺼이 갈게.

4. vieni
산드로, 내일 저녁 나와 피자집에 갈래?

04

1. viene
마리오는 매년 이탈리아에 휴가 온다.

2. Cerchiamo
우리 방은 너무 작다. 우리는 보다 더 큰 아파트를 찾는다.

3. capiscono / parlano
저 관광객들은 한국인이다. 그들은 이탈리아어를 한 마디도 이해 못하지만 영어를 아주 잘한다.

4. Rimango / guardo
오늘 나는 외출할 마음이 없다. 집에 머무르며 TV를 좀 본다.

5. va / ha
엘사는 졸려서 오늘 저녁 일찍 잠자리에 든다.

6. fanno / faccio / bevo / mangio
나의 여자 친구들은 늘 바에서 아침 식사를 하는 데 반해, 나는 집에서 한다. 커피를 마시고 빵과 잼을 먹는다.

7. può / deve
로베르또는 수학 공부를 끝내야 해서 우리와 호수에 갈 수 없다.

8. stanno / conoscono
나의 이웃들은 이 도시에서 아무도 알지 못해서 늘 홀로 지낸다.

9. dà / vieni
내일 리사는 그의 생일 파티를 열어. 너도 올래?

10. è / preferisce
파올라는 피곤하다. 그래서 오늘 저녁 집에 있기를 선호한다.

16과

01

1. Grazie, ne prendo volentieri un bicchiere.
고마워, 한 잔 마실게.

2. Grazie, ne prendo volentierei una fetta.
고마워, 한 조각 먹을게.

3. Grazie, ne prendo volentieri una tazza.
고마워, 한 잔 마실게.

4. Grazie, ne prendo volentieri un bicchierino.
고마워, 한 잔 마실게.

02

1. Ne ho invitati pochi (amici).
한두 명 초대했어.

2. Ne ho visitate tre (città).
세 도시를 방문했어.

3. Non ne ho preso nessuno.
전혀 마시지 않았어.

4. Ne ho conosciute molte (ragazze).
많은 아가씨들을 사귀었다.

03

1. Sì, ci vengo stasera.
그래, 오늘 저녁에 거기에 갈게.

2. Sì, ci vado domani.
그래, 내일 거기에 간다.

3. Sì, ci sto bene.
그래, 잘 지내고 있어.

4. Sì, ci vengo a prendere qualcosa.
그래, 뭐 좀 마시러 거기에 갈게.

04

1. prendi l'autobus?
너도 버스 타니?

2. studia l'inglese.
잉그리드도 영어를 공부한다.

3. apre il libro d'italiano.
잉그리드도 이탈리아어 책을 편다.

4. non fuma.
잉그리드도 담배 안 피운다.

17과

01

1. ho scritto / sapevo
나는 주소를 모르고 있었기 때문에 브루노에게 편지를 쓰지 않았다.

2. abbiamo dato / eravamo
우리는 준비가 되어 있지 않았기 때문에 시험을 보지 않았다.

3. è uscita / doveva
안나는 공부를 해야 했기에 친구들과 외출하지 않았다.

4. avete comprato / costava
그 자동차가 너무 비쌌기 때문에 너희들은 구입하지 않았구나.

5. ha spedito / aveva
루치오는 우표가 없었기 때문에 편지를 부치지 않았다.

6. Ho chiuso / sentivo
나는 추위를 느꼈기 때문에 창문을 닫았다.

02

1. aveva
내가 마르티나를 알게 되었을 때 그녀는 단발머리를 하고 있었다.

2. andava
내가 마르티나를 알게 되었을 때 그녀는 학교에 다니고 있었다.

3. portava
내가 마르티나를 알게 되었을 때, 그녀는 안경을 끼고 있었다.

4. era
내가 마르티나를 알게 되었을 때, 그녀는 매우 예뻤다.

5. frequentava
내가 마르티나를 알게 되었을 때, 그녀는 고전 무용 과정을 다니고 있었다.

6. giocava
내가 마르티나를 알게 되었을 때, 그녀는 학교 배구팀에서 운동하고 있었다.

03

1. Paolo, sparecchia la tavola!
파올로, 식탁을 치워라!

2. Paolo, arriva in orario!
파올로, 제 시간에 와라!

3. Paolo, rispondi al telefono!
파올로, 전화 받아라!

4. Paolo, chiudi la porta!
파올로, 문을 닫아라!

5. Paolo, torna presto!
파올로, 일찍 돌아와라!

6. Paolo, lava i piatti!
파올로, 설거지해라!

04

1. Mettiti un vestito pesante!
두툼한 옷을 입어라!

2. Aspettiamo fino alle 8!
8시까지 기다리자!

3. Smettete di discutere!
토론을 중단해라!

4. Chiama il medico!
의사를 불러라!

5. Mandate una cantolina a Ivo!
이보에게 엽서를 보내라!

6. Finiamo il lavoro per domani!
내일을 위해 일을 끝내자!

18과

01

1. Me la presti?
너는 내게 그것을 빌려 줄래?

2. Me le dai?
너는 내게 그것들을 줄래?

3. Me li dai?
너는 내게 그것들을 줄래?

4. Me lo offri?
너는 내게 그것을 대접할래?

5. Me li prepari?
너는 내게 그것들을 준비해 줄래?

6. Me la presti?
너는 내게 그것을 빌려 줄래?

02

1. Sì, te lo presto volentieri.
그래, 네게 그것을 기꺼이 빌려 줄게.

2. Sì, te la presto volentieri.
그래, 네게 그것을 기꺼이 빌려 줄게.

3. Sì, te li presento volentieri.
그래, 네게 그들을 기꺼이 소개할게.

4. Sì, te le presento volentieri.
그래, 네게 그녀들을 기꺼이 소개할게.

5. Sì, te lo offro volentieri.
그래, 네게 그것을 기꺼이 대접할게.

6. Sì, te la offro volentieri.
그래, 네게 그것을 기꺼이 대접할게.

03

1. Te la presento domani.
내일 네게 그녀를 소개할게.

2. Ve la do domani.
내일 너희들에게 그것을 줄게.

3. Ve lo porto domani.
내일 너희들에게 그것을 갖다 줄게.

4. Gliela faccio vedere domani.
내일 그에게 그것을 보게 할게.

5. Gliela presento domani.
내일 그녀에게 그녀를 소개할게.

6. Gliela do domani.
내일 그들에게 그것을 전해 줄게.

04

1. si incontrano
파올로와 마르타는 매일 바에서 (서로) 만난다.

2. si sposano
파올로와 마르타는 내년에 결혼한다.

3. ci vogliamo
우리는 (서로) 매우 그리워한다.

4. ci telefoniamo
우리는 (서로) 자주 전화한다.

5. vi scrivete
너희들은 하루에 (서로) 이메일을 쓰니?

6. vi date
너희들은 (서로) 말을 트니?

19과

01

1. Mi sono sposato
나는 2년 전에 결혼했다.

2. Mi sono trovata
나는 아주 잘 지냈다.

3. Si è laureato
안토니오는 3년 전 대학을 졸업했다.

4. Si sono svegliati
그들은 8시에 잠에서 깼다.

5. Si sono iscritti
그들은 작년에 대학교에 등록했다.

6. Si sono fermate
그들은 거의 2시간을 머물렀다.

02

1. andrò
내년에 나는 전문화 과정을 이수하러 미국에 갈 예정이다.

2. avrà
오르넬라는 똑똑한 여자라서 확실히 성공할 것이다.

3. cambieremo / andremo
우리는 3월에 이사를 할 예정이다. 중앙역 근처에 거주할 예정이다.

4. comincerà
하늘에는 구름이 껴 있어서 잠시 후면 비가 내리기 시작할 것이다.

5. dovrò
나는 차가 없다. 그래서 사무실에 걸어서 가야 할 것이다.

6. darà
다음 달 쥬세페는 졸업 전 마지막 시험을 볼 예정이다.

7. arriverà
내일 나의 사무실에 신입 여사원이 올 예정이다.

03

1. compralo
그 모자가 좋으면, 그것을 사라!

2. comprala
그 자동차가 좋으면 그것을 사라!

3. comprali
그 책들이 좋으면 그것들을 사라!

4. comprale
그 신발이 좋으면 그것을 사라!

5. compralo
그 그림이 좋으면 그것을 사라!

6. comprale
그 소파들이 좋으면 그것들을 사라!

04

1. la apra pure
창문을 열고 싶으시면 그것을 여세요!

2. lo accenda pure
스테레오를 켜고 싶으시면 그것을 어서 켜세요!

3. la legga pure
이 편지를 읽고 싶으시면 그것을 어서 읽으세요!

4. lo finisca pure
연습을 끝내고 싶으시면 그것을 어서 끝내세요!

5. li inviti pure
친구들을 초대하고 싶으시면 그들을 어서 초대하세요!

6. li ascolti pure
CD들을 듣고 싶으시면 그것들을 어서 들으세요.

20과

01

1. Andrea, va' subito a casa!
안드레아, 집에 곧 가라!

2. Andrea, fa' subito gli esercizi!
안드레아, 연습문제를 곧 풀어라!

3. Andrea, sta' calmo!
안드레아, 진정해라!

4. Andrea, da' una mano a Pietro!
안드레아, 피에트로를 도와줘라!

5. Andrea, abbi pazienza!
안드레아, 참아라!

6. Andrea, sii ordinato!
안드레아, 정리정돈 좀 해라!

02

1. ha telefonato / è uscito
지오르지오는 마우리찌오에게 전화를 걸고 아드리아나와 외출했다.

2. facevo / sono arrivati
내가 아침 식사를 하고 있는데 내 친구들이 왔다.

3. era / giocava
프란체스코는 어렸을 때, 정원에서 자주 놀곤 했다.

4. nuotava / prendeva
클라우디오가 수영을 하고 있는 동안, 안나는 일광욕을 하고 있었다.

5. andavo
어렸을 때, 방학 동안 나는 시골에 계신 할머니, 할아버지 댁에 가곤 했다.

6. ha parlato
어제 저녁 프랑코는 늦게까지 안나와 전화 통화를 했다.

03

1. avete avuto
어제 너희들은 8시부터 9시까지 수업했니?

2. ha salutato / aveva
지오르지오는 바빠서 친구들에게 인사를 못 했다.

3. ha lasciato / era
마리아는 애인이 너무 질투가 많아서 그를 버렸다.

4. erano / sono andati
아이들은 너무 피곤해서 일찍 잠자리에 들었다.

5. sciava
젊었을 때, 나의 아버지는 스키를 아주 잘 타셨다.

6. guardava / si è addormentata
나의 할머니는 TV를 보시다가 잠이 드셨다.

04

1. Era / erano / tornavo / lavoravo / ho visto / mi sono avvicinata / Era / aveva / era / sapevo / ho preso / sono andata / ho dato

편집장님께 보내는 편지
저는 슬픈 이야기를 할까 합니다.
어둡고 추운 저녁이었고 도로는 눈으로 덮여 온통 하얬습니다.
평소대로 저는 공장에서 집으로 돌아가고 있었습니다.
그런데 갑자기 저는 길 한가운데서 움직이는 무언가를 보았고, 나는 다가갔습니다.
강아지였습니다. 강아지는 추위에 떨고 있었고 온통 물에 젖어 있었습니다.
나는 무엇을 해야 할지 몰랐습니다.
잠시 후 저는 강아지를 데리고 집으로 가서 강아지에게 따뜻한 우유를 좀 주었습니다. 이제 강아지는 진정한 친구가 되었고 이름은 키코입니다.
키에티에서, 마리아 파올라

그림으로 익히는 주제별 어휘 ❶

IN CLASSE 학급

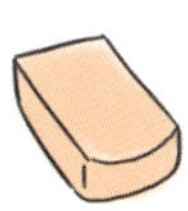
la gomma
지우개

le forbici
가위

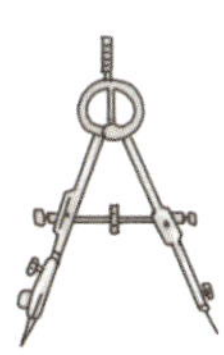
il compasso
컴퍼스

l'insegnante
교사

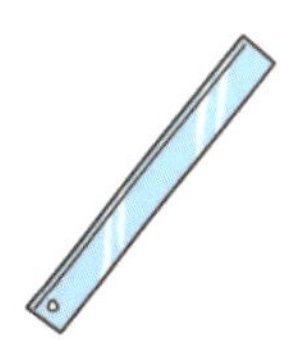
la riga 자

그림으로 익히는 주제별 어휘 ❷

IL SUPERMERCATO
슈퍼마켓

KIUP
il prezzo 가격
il venditore 판매인, 상인
gli scaffali 선반들
la borsa 가방
i surgelati 냉동식품들
i clienti 손님들
i barattoli di conserva
보관용 용기들

그림으로 익히는 주제별 어휘 ❸

RISTORANTE
식당

il cuoco 요리사
le vivande
음식들
l'olio
올리브유
l'aceto
식초
il tovagliolo 냅킨
il vassoio
쟁반
la frutta 과일
la cameriera
웨이트리스
il cliente
손님
il cameriere
웨이터
la macedonia di
frutta 과일 펀치
il dolce 돌체(후식)
il caffè 커피

그림으로 익히는 주제별 어휘 ❹

LE ABITAZIONI E GLI AMBIENTI
주거와 환경

il sole
태양

le nuvole
구름들

le stelle
별들

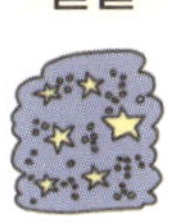

la luna
달

l'arcobaleno
무지개

la cascata
폭포

il mare
바다

il lago
호수

l'isola
섬

la neve
눈

la pioggia
비

il vento
바람

그림으로 익히는 주제별 어휘 ❺

LA CITTÀ 도시

il cimitero
묘지

la vetrina
쇼윈도우

la segnaletica
도로 표지판

la stazione ferroviaria 기차역
il treno 기차
il parcheggio
주차장
la fermata
dell'autobus 버스정류장
la strada 도로
il sottopassaggio
지하도
la cupola
돔
il teatro 극장
il giardino pensile
공중정원
l'ultimo piano
맨 위층
il segnale stradale
도로표지
il secondo
piano 3층
il centro
commerciale
백화점
le strisce
pedonali
횡단보도
il primo piano
2층
il pianterreno
1층

그림으로 익히는 주제별 어휘 ❻

HOBBY 취미

dipingere 그림 그리다
ascoltare la musica
음악 감상하다
leggere 독서하다
fare la ginnastica
운동하다
remare
노 젓다
pedalare 하이킹하다
suonare uno strumento
악기를 연주하다
prendere
il sole
일광욕하다
nuotare 수영하다
pescare
낚시하다
fare il picnic
피크닉하다
passeggiare
산책하다
cercare funghi
버섯 따다

착! 붙는 이탈리아어 독학 첫걸음

초판발행	2016년 8월 10일
초판 5쇄	2023년 3월 6일
저자	최보선
편집	권이준, 양승주, 김아영
펴낸이	엄태상
디자인	이건화
콘텐츠 제작	김선웅, 장형진, 조현준
마케팅본부	이승욱, 왕성석, 노원준, 조성민, 이선민
경영기획	조성근, 최성훈, 정다운, 김다미, 최수진, 오희연
물류	정종진, 윤덕현, 신승진, 구윤주
펴낸곳	랭기지플러스
주소	서울시 종로구 자하문로 300 시사빌딩
주문 및 교재 문의	1588-1582
팩스	0502-989-9592
홈페이지	http://www.sisabooks.com
이메일	book_etc@sisadream.com
등록일자	2000년 8월 17일
등록번호	제300-2014-90호
ISBN	978-89-5518-791-5 18780